어린 과학자를 위한

어린 과학자를 위한
반도체 이야기

박열음 지음 | 홍성지 그림

봄나무

들어가며

　반도체라는 말을 들어 본 적이 있니? 꽤 익숙한 단어일 거야. 텔레비전 뉴스나 신문에 자주 나오고, 광고에서도 쉽게 접할 수 있잖아. 그런데 반도체라는 말이 왜 이렇게 많이 나올까?

　그건 바로 우리가 살고 있는 현대는 반도체 없이 살 수 없는 곳이기 때문이야. 아침에 일어날 때부터 잠들 때까지 한순간도 반도체와 떨어질 틈이 없을 정도거든. 컴퓨터나 스마트폰, TV는 물론이고 길을 안전하게 건너게 해 주는 신호등, 집 안을 밝혀 주는 조명에도 반도체가 들어 있어. 대중교통을 이용할 때 사용하는 교통 카드에도 반도체가 들어 있지. 정말 놀랍지 않니?

　이렇게 우리 주변 곳곳에 반도체가 중요하게 쓰이고 있지만, 반도체가 정확히 무엇이고 어떻게 작동하는지 모르는 사람이 너무 많아. 반도체가 얼마나 다양한 곳에 사용되고 있는지 모르는 사람들도 많지.

　어떤 사람들은 반도체를 컴퓨터나 기계가 작동하게 만들어 주는 마법의 부품처럼 여기기도 해.

　그런데 정말 그럴까? 반도체가 정확히 어떤 것인지, 무슨 원리로 작동하는지 알고 나면 반도체에 대한 생각이 달라질 거야.

　이 책에서는 반도체가 어떻게 탄생하게 되었는지, 어떤 원리로 작동하는지 설명해 줄 거야. 그리고 우리 생활 곳곳에서 다양한 모습으로 나타난 반도체에 대해 알려 주지. 그리고 마지막으로 앞으로 더 많은 곳에서 쓰일 반도체에 대해 이야기해 줄 거야. 이 책을 읽고 나면 반도체가 무엇인지 술술 이야기할 수 있게 될지도 몰라!

　반도체는 앞으로 더 무궁무진하게 발전할 수 있어. 그러니 지금부터라도 반도체에 대해 잘 알고 있어야 해. 혹시 아니? 너희들이 나중에 반도체를 연구하는 과학자가 되어 새로운 반도체를 만들어 낼지 말이야.

2018년 1월
일산에서 박열음

1 반도체 세상의 시작, 트랜지스터

- ① 진공관으로 컴퓨터를 만든다고?   9
- ② 세 발 달린 마술사   18
- ③ 뭐든지 전기로 척척   23

2 손안에 들어온 반도체, 집적 회로(IC)

- ① 작은 세상, 작은 반도체   34
- ② 반도체로 생각하라   39
- ③ 반도체가 꼭 필요해   46

3 반도체, 너 없이는 살 수 없어

1. 빛을 다루는 반도체   53
2. 못하는 것이 없지   59
3. 반도체가 사라진다면?   67

4 반도체와 미래

1. 좀 더 많이, 좀 더 다양하게   77
2. 반도체의 변신   81
3. 반도체 강국 대한민국   87

1 반도체 세상의 시작, 트랜지스터

커다란 방을 가득 채운 기계가 쉬지 않고 작동하고 있어. 저 거대한 기계는 대체 얼마나 대단한 일을 하길래 저렇게 커다랗고 복잡한 걸까? 로켓을 만들까? 아니면 복제 인간을 만들까?

아니야. 저 기계는 그렇게 대단한 일을 하지 않아. 그냥 전자계산기야. 성능도 그저 그래. 큰 문방구에서 파는 오천 원짜리 계산기를 쓰는 게 더 좋을 거야. 그런데 왜 이렇게 크고 복잡하게 생긴 거냐고? 그건 바로 계산기를 만드는 데 진공관을 썼기 때문이야.

진공관은 이름 그대로 유리관 안을 진공 상태로 만들어 놓은 거야. 진공관은 전기로 만들어진 신호를 세게 만들기도 하고 약하게 만들기도 해. 진공관을 여러 개 연결해서 사용하면 다양한 일을 할 수 있지. 옛날에는 진공관으로 계산기나 라디오 같은 전자 제품을 만들었어.

진공관 안에는 작은 금속판이 두 개 들어 있는데 두 금속판은 떨어져 있기 때문에 전기가 통하지 않아. 하지만 진공관을 뜨겁게 달구면 떨어진 금속판 사이로 전기가 통해. 이 원리를 이용해 진공관에 흐르는 전기를 마음대로 조절하는 거야. 그러니까 진공관에 열을 가해서 전기를 통하게도 하고 통하지 않게도 할 수 있는 거지.

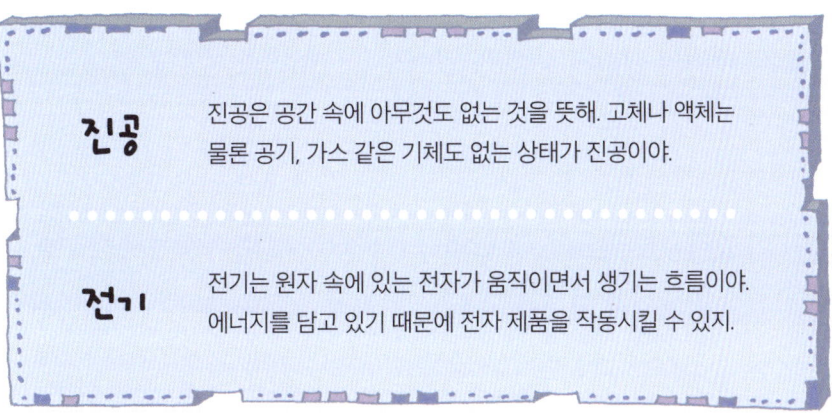

진공   진공은 공간 속에 아무것도 없는 것을 뜻해. 고체나 액체는 물론 공기, 가스 같은 기체도 없는 상태가 진공이야.

전기   전기는 원자 속에 있는 전자가 움직이면서 생기는 흐름이야. 에너지를 담고 있기 때문에 전자 제품을 작동시킬 수 있지.

에디슨은 전구를 만들던 도중 전구 안에서 전기가 움직이는 것을 발견했는데 다른 과학자들이 이것을 이용해 진공관을 발명했어.

진공관이 발명되자 전기를 가지고 아주 많은 일을 할 수 있게 되었어. 전기로 음악을 들을 수 있게 되었고 멀리서 오는 전파로 통신도 할 수 있게 되었지. 하지만 진공관은 몇 가지 문제를 가지고 있었어.

첫 번째는 크기가 너무 크다는 거야. 진공관은 작게 만들 수 없어. 진공관 속의 금속판이 가까우면 뜨겁게 달궈지기 전에 전기가 통해 버리기 때문이야. 그래서 진공관의 크기는 대략 어른의 엄지손가락 정도인데 이런 진공관을 여러 개 연결하면 엄청나게 커지는 거지. 진공관으로 만든 계산기가 방 하나를 꽉 채울 만큼 큰 이유는 진공관이 1만 개도 넘게 들어가 있기 때문이야. 그 정도는 되어야 계산을 할 수 있거든.

두 번째 문제는 진공관의 재료가 유리라는 점이야. 알다시피 유리는 쉽게 깨져. 진공관도 마찬가지야. 사용하다 보면 쉽게 깨지지. 게다가 진공관은 사용할수록 금속판의 열 때문에 유리가 뜨겁게 달궈지는데, 그러면 더 깨지기 쉬워져. 그래서 떨어트리거나 손을 대지 않아도 진공관이 저절로 깨지기도 해.

마지막 문제점은 진공관이 비싸다는 거야. 진공관을 만들려면 먼저 속이 빈 유리관을 만들고, 그 안에다 금속판을 넣은 뒤에 유리관 안을 진공 상태로 만들어야 해. 제작 과정이 복잡하니 진공관의 가격이 비쌀 수밖에 없지. 그래서 진공관으로 만든 오디오나 라디오, TV는 부자들밖에 가질 수 없었어. 60~70년대까지만 해도 우리나라에는 TV를 가진 집이 아주 드물어서 재미있는 만화영화나 드라마가 할 때면 동네 사람들이 TV가 있는 집에 모여서 함께 봤다고 해.

진공관은 여러 문제점을 가지고 있음에도 다양한 분야에서 활용되었어. 특히 과학자들이 컴퓨터라는 기계를 만드는 데 큰 역할을 했지.

역사상 최초의 컴퓨터인 아타나소프-베리를 알고 있니? 아타나소프-베리는 1942년에 만들어졌어. 이 컴퓨터는 280개의 진공관이 쓰였는데, 크기는 커다란 책상만 했고 무게는 300킬로그램이 넘었어. 사실 아타나소프-베리 컴퓨터는 실제로 사용하기 위해 만든 것이 아니야. 과연 컴퓨터라는 것이 정말 작동 가능한 것인지 실험하기 위해 만들었거든.

아타나소프-베리 컴퓨터 다음으로 만들어진 컴퓨터는 콜로서스라는 암호 해독기야. 여기에는 진공관이 무려 1600개나 쓰였어. 나중에는 2400개의 진공관이 쓰이기도 했어. 콜로서스는 제2차 세계 대전

▶ 콜로서스

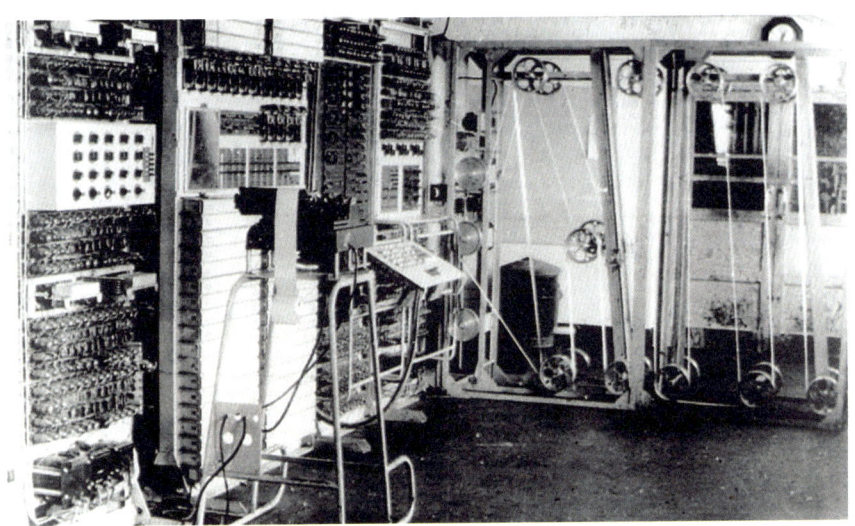

이 한창인 1943년에 만들어졌는데, 전쟁이 났을 때 적군이 사용하는 암호를 알아내는 역할을 했지.

콜로서스는 그렇게 많은 진공관을 쓰고도 암호만 알아낼 뿐, 다른 일은 전혀 하지 못했어. 게임도 못 하고 메일을 보내지도 못하지. 요즘 컴퓨터와는 많이 다른 거야. 하지만 한 가지가 아닌 여러 가지 암호를 해독할 수 있기 때문에 아슬아슬하게 컴퓨터라고 부를 수 있어.

그런데 컴퓨터와 계산기는 어떻게 구분할까? 무슨 차이가 있는 걸까? 그건 바로 여러 가지 일을 할 수 있는지, 한 가지 일밖에 하지 못하는지를 기준으로 구분해. 단순한 수학 계산이나 한 가지 암호 해독밖에 못 한다면 계산기고, 여러 가지 암호 해독이나 인터넷 검색, 게임 같은 것을 할 수 있으면 컴퓨터라고 할 수 있지.

이런 기준을 만든 사람은 앨런 튜링(1912~1954년)이라는 영국의 수학자야. 튜링은 컴퓨터가 만들어지기 전부터 컴퓨터의 등장을 예측했어.

수학자라고 항상 숫자만 계산하는 것은 아니야. 암호를 만들거나 푸는 일, 기계를 만드는 일, 확률을 계산하는 일도 수학자의 일이야. 튜링도 수학자이면서 암호학자로 활약하기도 했어. 튜링이 암호학자로 일할 때는 제2차 세계 대전이 한창이었어. 영국은 튜링의 활약으로 독일의 암호를 해독할 수 있었고 그 덕분에 전쟁에서 이길 수 있었어.

튜링은 튜링 머신이라는 것을 생각했는데 튜링 머신은 컴퓨터처럼 여러 가지 일을 할 수 있는 기계야. 하지만 기술력이 부족해서 실제로 만들 수 없었고 설계도만 그려 놓았어.

튜링은 튜링 머신이 만들어지기 전에 세상을 떠났어. 하지만 튜링이 남긴 설계도 덕분에 컴퓨터가 만들어질 수 있었어. 아직까지도 컴퓨터를 만드는 데 튜링 머신의 설계도가 쓰이고 있어.

콜로서스 다음에는 에니악이라는 컴퓨터가 만들어졌어. 에니악에 들어간 진공관은 무려 1만 8000개나 돼. 에니악은 대포를 쏠 때 중요한 탄도를 계산하기 위해 만들어졌지만 우주선이나 날씨를 연구하는 데도 쓰였지. 에니악은 커다란 방 하나에 가득 찰 만큼 컸어. 무게는 30톤에 달했지.

에니악이 만들어진 건 1946년이야. 아타나소프-베리보다 4년이나 늦게 만들어진 거야. 하지만 얼마 전까지 에니악이 최초의 컴퓨터라고 알려져 있었어. 그런데 아타나소프-베리 컴퓨터를 만든 사람들이 특허 소송을 걸었어. 아타나소프-베리 컴퓨터는 그 소송에서 이김으로써, 비록 실험용으로 만들어졌지만 최초의 컴퓨터로 인정받게 되었지.

콜로서스도 에니악보다 먼저 만들어졌는데 옛날에는 그 사실이 알려지지 않았어. 콜로서스는 암호 해독용으로 군대에서 몰래 쓰였기 때문에 사람들이 알지 못했거든. 아직도 에니악을 최초의 컴퓨터로 알고 있는 사람도 많아.

에니악은 콜로서스에 비하면 성능이 아주 좋았지만 에니악도 컴퓨터보다 전자계산기에 가까웠어. 당시에는 세계 최고의 컴퓨터였지만 지금 쓰이는 개인용 컴퓨터보다도 훨씬 느리고 부정확했지. 심지어 모니터도 없어서 계산한 결과를 화면이 아니라 프린터로 뽑아야만 볼 수 있었어. 그러니 사용하기에 얼마나 불편했겠니?

또 진공관이 1만 8000개나 있으니 고장이 나는 진공관도 많았을 거야. 에니악을 사용하다 보면 진공관이 수시로 펑펑 깨졌다고 해.

에니악은 진공관이 하나만 깨져도 작동을 멈춰 버리기 때문에 오랜 시간 사용하려면 진공관을 잔뜩 쌓아 놓고 있어야 했어. 깨질 때마다 새 진공관을 끼워 넣어야 했거든.

진공관은 사용하기 불편하지만 당시에는 진공관 외에는 전기 신호를 마음대로 조절할 방법이 없었어. 그러니 불편해도 진공관을 쓸 수밖에 없었지. 그런데 시간이 지나자 진공관보다 훨씬 쓰기 편하고 성능도 좋은 대체품이 나타났어. 그게 바로 반도체야!

　반도체란 무엇일까? 복잡한 전기 회로에 꽂는 물건이 반도체일까? 사실 그건 반도체를 이용해 만든 반도체 칩이야. 우리는 흔히 반도체 칩을 반도체라고 불러. 하지만 반도체 칩만 반도체로 불리는 건 아니야. 그럼 대체 반도체는 뭘까?

　반도체라는 말은 도체와 부도체가 반씩 섞여 있다는 뜻이야. 그럼 반도체를 알려면 먼저 도체와 부도체를 알아야겠지?

　도체는 전기가 통하는 물체를 말해. 전기가 통하는 것은 거의 모두 도체야. 철이나 구리 같은 금속은 물론 수돗물도 도체야. 사람이나 동물의 몸도 도체지. 그 반대로 부도체는 전기가 통하지 않는 물체를 말해. 전기가 통하지 않는 것은 대부분 부도체라고 할 수 있지. 플라스틱이나 고무, 나무 같은 것이 바로 부도체야.

그런데 전기는 어떨 때 흐르고 어떨 때 흐르지 않는 걸까? 전기를 흐르게 하는 것은 전자야. 전자는 원자보다도 작은 알갱이지. 이 전자가 원자 사이로 움직이면 전기가 흐르게 되는 거야.

도체 속에 있는 전자는 마음대로 움직일 수 있어. 이 전자를 자유 전자라고 하는데, 도체는 자유 전자 때문에 전기가 흐르는 거야. 반대로 부도체는 전자 사이가 빽빽해서 전자가 마음대로 움직이지 못해. 그래서 전기가 흐르지 못하지.

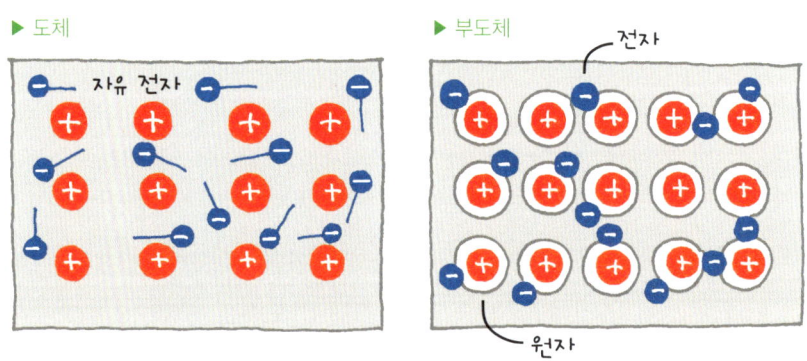

이 세상에 있는 것은 대부분 도체와 부도체로 나눌 수 있어. 하지만 몇 가지 예외도 있어. 그게 바로 반도체야. 반도체는 도체와 부도체가 섞여 있다고 했지? 전기가 통할 때도 있고 통하지 않을 때도 있기 때문이야. 반도체에는 여러 가지 종류가 있어. 그중에서 가장 대표적인 것은 규소야. 규소는 실리콘이라고도 불려. 규소는 땅 위에서 볼 수 있는 물질들의 25퍼센트를 차지해. 모래에 가장 많이 들어 있는데 놀이터에서 모래를 한 주먹 쥐면 그 절반이 규소일 정도야. 이렇게 흔한 물질이

지만 규소에는 수많은 비밀이 숨어 있어.

규소는 부도체처럼 전자 사이가 빽빽하지 않아서 전자가 움직일 수 있어. 하지만 움직이려고 하는 전자 자체가 많지 않아서 전기가 쉽게 흐르지 않지. 하지만 규소에 다른 성분을 섞거나, 다른 반도체를 붙이거나, 온도를 높이는 등 여러 가지 방법을 통해서 전기를 흐르게 만들 수 있어.

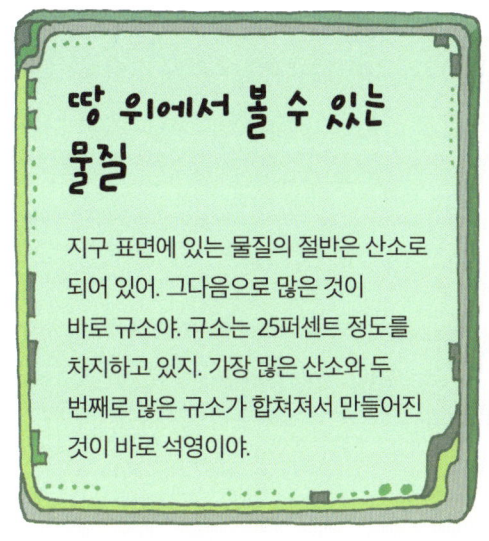

땅 위에서 볼 수 있는 물질

지구 표면에 있는 물질의 절반은 산소로 되어 있어. 그다음으로 많은 것이 바로 규소야. 규소는 25퍼센트 정도를 차지하고 있지. 가장 많은 산소와 두 번째로 많은 규소가 합쳐져서 만들어진 것이 바로 석영이야.

반도체를 이용해서 처음 만든 물건은 트랜지스터야. 트랜지스터는 동그란 머리에 기다란 다리가 세 개 달려 있어. 이 다리를 전선에 연결하면 진공관처럼 전기를 마음대로 조절할 수 있어. 그래서 트랜지스터를 '세 발 달린 마술사'라고도 해.

트랜지스터는 진공관보다 사용하기 훨씬 편해. 진공관의 세 가지 큰 문제점을 모두 해결했거든.

첫 번째로 트랜지스터는 진공관보다 훨씬 작아. 트랜지스터의 머리 크기는 새끼손톱의 반 정도야. 그러니 작은 회로 안에 많이 집어넣을 수 있지. 또 진공관을 쓰려면 진공관이 들어갈 공간이 필요했는데 트랜지스터는 다리에 전선을 연결하거나 납작한 전기 회로 판에 다리를 끼우고 납땜만 하면 돼.

두 번째로 트랜지스터는 진공관보다 훨씬 튼튼해. 안쪽이 돌처럼 딱딱한 데다 작고 가벼워서 떨어트려도 전혀 망가지지 않아. 뜨거워지지도 않으니 저절로 고장이 나는 일도 아주 드물지. 트랜지스터는 한번 만들어 놓으면 오래 쓸 수 있어.

마지막으로 트랜지스터는 진공관보다 훨씬 값싸고 만들기도 쉬워. 규소에 다른 성분을 조금 섞어서 순서대로 쌓기만 하면 되거든. 게다가 트랜지스터는 진공관과 달리 한 번에 수천 개, 수만 개씩 만들 수 있어. 그 덕분에 전자 제품의 가격이 저렴해지고 생산하는 양도 많아졌지. 누구나 전자 제품을 가질 수 있게 된 거야.

값싸고 쓰기 편한 세 발 달린 마술사, 트랜지스터는 세상에 나타나자마자 마음껏 마술을 부렸어. 수많은 전자 제품이 진공관에서 트랜지스터로 바뀌었지. 가장 처음 만들어진 것은 바로 트랜지스터 라디오야. 라디오는 방송국에서 보내는 전파를 받아서 소리로 바꿔 줘.

전파로 먼 곳과 통신을 하는 것은 니콜라 테슬라(1856~1943년)라는 사람이 처음 시작했어. 테슬라는 전기를 이용한 발명품을 여러 가지 만들었는데, 전구 대신 쓸 수 있는 아크등이나 교류 전기 장치를 만들기도 했어. 아크등은 토머스 에디슨(1847~1931년)의 전구가 널리 쓰이면서 사라졌지만 교류 전기 장치는 널리 퍼져서 지금은 지구상의 모든 나라가 교류 전기를 쓰고 있지.

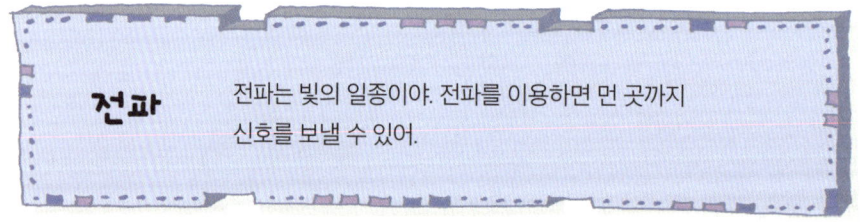

전파   전파는 빛의 일종이야. 전파를 이용하면 먼 곳까지 신호를 보낼 수 있어.

교류 전기는 흐르는 방향이 계속 바뀌는 전기를 뜻해. 한 방향으로 흐르는 직류 전기는 전깃줄이 길어질수록 세기가 약해지는데 방향이 바뀌는 교류 전기는 전깃줄을 타고 먼 곳까지 가도 세기가 약해지지 않아.

　테슬라는 교류 전기를 쓸지 직류 전기를 쓸지 에디슨과 오랜 시간 경쟁을 했어. 에디슨은 도시 근처에 발전소를 많이 세워서 직류 전기를 가정집이나 공장까지 넣어 주는 것이 좋다고 생각했고, 테슬라는 먼 곳에 커다란 발전소를 짓고 그 발전소의 전기를 교류 전기로 먼 곳까지 보내 주는 방식이 좋다고 생각했지. 결국 테슬라의 의견에 더 많은 사람들이 동의했고, 그 덕분에 연기를 뿜는 화력 발전소와 멀리 떨어진 곳에서도 간편하게 전기를 쓸 수 있게 되었어.

　그 외에도 테슬라는 많은 발명을 했는데, 그중 하나가 바로 전파를 사용한 통신 기술이야. 먼 곳에서 쏜 전파를 다른 곳에서 받는 장치를 직접 만들었던 거야. 휴대 전화나 라디오 같은 물건은 모두 테슬라의 아이디어에서 시작되었어. 그런데 테슬라가 만든 무선 통신 장치는 아주 간단한 신호만 보낼 수 있었어. 스위치를 열면 전구가 켜지도록 하는 것밖에 하지 못했지. 전파를 쏘면 그 전파를 받는 것은 가능하지만 신호나 소리, 영상은 담을 수 없었던 거야.

　그 이유는 전파로 만든 신호는 멀리 갈수록 약하고 흐려지기 때문이야. 전파는 먼 거리를 이동하면 사방으로 퍼져 나가 약해지는 데다, 다른 전파가 끼어들어 신호를 방해하기도 하거든. 그래서 약해진 전파

를 다시 키워 줄 장치가 필요했는데, 테슬라가 살아 있던 당시에는 그런 장치를 만들 수 없었어.

트랜지스터가 나타나기 전에는 진공관으로 라디오를 만들었어. 진공관 라디오는 멀리서 오는 전파를 받아 라디오 방송을 들려 주었지만 아주 비쌌지. 또 크기가 커서 마음대로 들고 다니지 못했어. 그래서 사람들은 진공관 라디오를 거실에 놓고 클래식 음악을 듣거나 뉴스를 듣는 데만 사용했어.

트랜지스터라디오는 진공관 라디오보다 훨씬 가볍고 가격도 훨씬 저렴했어. 그런데 트랜지스터라디오가 처음 나왔을 때는 진공관 라디오에 비해 성능이 뛰어나지는 않았어. 자꾸 지지직거리는 잡음이 들려서 라디오에서 나오는 소리를 듣기 어려웠지. 또 소리도 작았어. 그럼에도 많은 사람들이 트랜지스터라디오를 사용했어. 어디서나 쉽게 사용할 수 있었으니까. 사용하는 사람들이 늘어나자 트랜지스터라디오를 만드는 사람들은 성능을 좋게 하기 위해 여러 가지 방법을 궁리하기 시작했어. 그 덕분에 트랜지스터라디오는 진공관 라디오보다 성능이 좋아졌고 가격은 더 내려갔지.

이제 부자가 아닌 평범한 사람은 물론 젊은이들도 밖에 모여서 음악을 들을 수 있게 되었어. 라디오를 듣는 사람이 많아지자 라디오 방송국은 클래식 음악보다 좀 더 많은 사람이 가볍게 들을 수 있는 음악을 내보내기 시작했어. 기타와 드럼으로 연주하는 신나는 음악이나 모두가 모여 춤출 수 있는 음악이 라디오에서 나오기 시작한 거야. 사람

들은 이런 음악을 마음껏 들을 수 있게 되어 좋았고 가수와 연주자는 자기 노래를 널리 알릴 수 있어 좋았지.

TV도 마찬가지야. 트랜지스터가 나타나면서 집집마다 TV가 놓였어. 이제 모두가 집에서 TV로 뉴스를 보고, 영화를 볼 수 있게 된 거야.

TV와 라디오가 널리 퍼진 덕분에 대중문화가 빠르게 성장했어. 많은 사람들이 문화를 즐기고 또 새로운 문화를 만들어 냈지. 지금처럼 모든 사람이 매일 음악을 듣고 드라마와 영화를 볼 수 있는 것도 트랜지스터가 발명된 덕분인 거야.

그뿐만이 아니야. 전기를 마음대로 다룰 수 있게 되면서 수많은 전자 기기가 우리의 삶 곳곳에 자리를 잡을 수 있었어. 전기밥솥이나 오븐, 전자레인지로 요리를 할 때 타이머를 맞추면 저절로 전원이 켜지고 꺼지는 기능이 있지? 그것도 트랜지스터 덕분에 가능한 기능이야. 세탁기의 버튼만 눌러도 알아서 빨래를 해 주는 것도 트랜지스터 덕분이고.

시계에도 트랜지스터가 들어가. 트랜지스터는 아주 짧은 시간 동안 규칙적인 전기 신호를 보낼 수 있는데, 그 덕분에 시간을 정확히 잴 수 있어. 예를 들어 100분의 1초마다 한 번씩 전기 신호를 보내는 트랜지스터를 이용하면 시계의 오차를 많이 줄일 수 있어. 트랜지스터에서 전기 신호가 100번 오면 1초가 지나가도록 표시하는 건데, 혹시 한번 틀린다고 해도, 100분의 1초밖에 차이가 나지 않지.

트랜지스터 덕분에 불편한 회중시계를 들고 다닐 필요도 없어졌고 태엽을 감을 필요도 없어진 거야. 누구나 어디서나 정확한 시간을 알 수 있게 되었지.

물건을 만드는 공장에서도 트랜지스터를 사용하기 시작했어. 공장의 기계를 전기로 움직이기 위해서야.

옛날에는 공장에서 물건을 만들 때 증기 기관을 이용했어. 증기 기관의 원리는 석탄을 태운 열로 물을 끓여 증기 기관을 돌리고 그 힘이 톱니바퀴를 타고 물건을 만드는 기계로 직접 전달되는 거야. 그래서 공장마다 굴뚝이 있었는데 석탄을 태울 때마다 새카만 매연을 계속 뿜어냈어. 공장 근처에 사는 사람은 매연 때문에 자주 병에 걸렸지. 그런데 공장에서 증기 기관 대신 전기로 기계를 움직이게 되자 매연이 줄어들었고, 그로 인해 병에 걸리는 사람들의 수도 많이 줄었어. 도시에 사는 많은 사람들은 그제야 한시름 놓을 수 있었어.

　트랜지스터가 발명된 이후로 전기가 삶 곳곳에 쓰이게 되었어. 트랜지스터가 없었을 때는 전구에 불을 켜는 것 외에는 전기를 쓸 곳이 많지 않았는데 말이야. 트랜지스터 덕분에 전기의 세상, 반도체의 세상이 시작된 거야.

　트랜지스터로 컴퓨터도 만들었어. 컴퓨터의 구조는 콜로서스나 에니악과 비슷했지만 진공관 대신 트랜지스터를 쓴 거야. 그것만으로도 컴퓨터는 옛날보다 훨씬 더 빠르고 정확해졌지. 고장도 잘 나지 않았어. 물론 가격도 훨씬 저렴해졌고.

최초의 트랜지스터 컴퓨터는 트래딕이라는 컴퓨터야. 트래딕은 비행기의 항로를 계산하기 위해 1955년에 만들어졌어. 높은 하늘에서는 땅이 잘 보이지 않기 때문에, 항로를 잘 계산하지 않으면 어디를 날고 있는지 모를 수도 있거든.

트래딕의 크기는 냉장고만 했어. 요즘 컴퓨터보다는 훨씬 크지만 커다란 방 하나만 했던 에니악보다는 훨씬 작아진 편이야. 큰 비행기는 트래딕을 싣고 하늘을 날 수 있었어. 그 덕분에 지구 반대편으로 날아갈 때도 방향을 잃지 않고 똑바로 갈 수 있게 되었지.

트랜지스터 컴퓨터가 나타나자 대학교나 과학연구실에서도 컴퓨터를 쓰기 시작했어. 그 덕분에 과

▶ 트래딕 컴퓨터

학 기술의 발전이 아주 빨라졌다고 할 수 있어. 반도체 기술도 더 빠르게 발전하게 되었고.

2 손안에 들어온 반도체, 집적 회로(IC)

1

작은 세상, 작은 반도체

성능이 좋은 컴퓨터를 만들기 위해서는 무엇이 필요할까? 답은 아주 간단해. 더 많은 트랜지스터를 넣으면 돼. 하지만 트랜지스터를 무작정 많이 넣으면 진공관 컴퓨터 못지않게 크기가 커질 거야. 그래서 좋은 컴퓨터를 만들기 위해서는 트랜지스터도 더 작아져야 했어.

트랜지스터를 작게 만드는 일은 쉽지 않아. 크기를 무작정 작게 하면 트랜지스터가 제대로 작동하지 않거든. 그래서 반도체에 다른 물질을 섞는 기술이 발달했어.

반도체의 원료인 규소에 무언가를 섞으면 섞은 물질에 따라서 다른 반도체가 돼. 그렇게 만든 반도체는 성질도 제각각 다르지. 반도체의 성질이 다르다는 건 어떨 때 전기가 흐르고, 어떨 때 전기가 흐르지 않는다는 뜻이야.

손안에 들어온 반도체, 집적 회로(IC)

어떤 반도체는 강한 전기만 통과시켜. 약한 전기는 완전히 막아 버리지만 강한 전기는 그대로 통과시키는 거야. 신기하지? 그와 반대로 약한 전기만 통과시키고 전기가 어느 정도 강해지면 전기를 딱 막아 버리는 반도체도 있어. 뜨거울 때만 전기가 흐르는 반도체도 있고 반대로 차가울 때만 전기가 흐르는 반도체도 있지.

전기가 통하지 않는 반도체 몇 종류를 딱 붙여 놓으면 신기하게 전기가 흐르기도 해. 트랜지스터도 이런 원리로 만들어졌어. 두 반도체 사이에 다른 반도체를 쏙 끼워 넣은 게 바로 트랜지스터야. 가운데 있는 반도체에 전기가 흐르고 있을 때는 트랜지스터를 통해 전기가 흐르고 가운데 있는 반도체에 전기가 흐르지 않을 때는 트렌지스터를 통해 전기가 흐르지 않아.

또 빛을 비추면 전기가 흐르는 반도체도 있어. 반대로 어두워야 전기가 흐르는 반도체도 있지. 그 외에도 반도체의 종류는 수없이 많아. 아까도 말했지만 규소에 어떤 물질을 얼마나 섞는지에 따라 성질이 달라지기 때문이야. 이렇게 다른 물질을 섞은 반도체를 불순물 반도체라고 해.

불순물 반도체는 순수한 반도체보다 훨씬 유용해. 불순물 반도체를 만드는 기술이 발달한 덕분에 아주 작은 트랜지스터를 만들 수 있게 되었거든.

작은 트랜지스터를 만들기 위해서는 일단 기본이 되는 틀이 필요해. 그 틀은 규소로 만들어. 그런데 그 규소가 보통 규소가 아니야. 규소를 모

아서 단결정이라는 덩어리를 만들어야 해.

규소를 뜨겁게 달구면 마그마처럼 뜨거운 액체가 돼. 그 액체를 아주 천천히 식히면서 조금씩 잡아당기면 길쭉한 규소 기둥이 생겨나는데, 이 규소 기둥이 바로 규소 단결정이야. 그리고 이걸 얇게 자르면 웨이퍼라는 얇은 판이 만들어져.

웨이퍼가 만들어지면 반도체 칩의 기본 재료가 준비된 거야. 이제 웨이퍼를 잘 깎아 내서 모양을 만들어

▶ 웨이퍼 ⓒ삼성 반도체 이야기

야 해. 전기가 통하는 길을 만들어 주는 거지. 전선으로 전기 회로를 만드는 대신 웨이퍼에 홈을 파는 거야. 전기가 이 홈을 타고 흐르다 얕은 곳은 펄쩍 뛰어넘기도 하고 기울어진 곳에서는 한쪽으로만 흐르기도 해. 길이 좁아져 전기의 일부만 홈을 통과하기도 하지. 이런 작은 움직임을 복잡하게 섞어 놓으면 트랜지스터처럼 전기를 마음대로 조절할 수 있어.

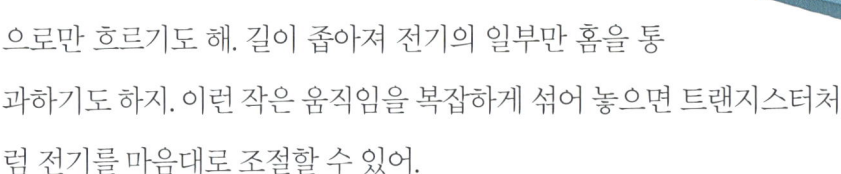

이제 이렇게 만든 웨이퍼를 네모나게 자르면 완성이야. 이게 바로 반도체 칩이야. 집적 회로(IC) 칩이라고도 하지. 평소에 쓰는 반도체라는 말은 바로 이 반도체 칩을 말하는 경우가 많아. 웨이퍼로 만든 반도체 칩은 트랜지스터를 모아 만든 전기 회로보다 훨씬 작고 성능도 좋아. 전자시계나 핸드폰은 반도체 칩이 발명된 덕분에 만들어질 수 있었어.

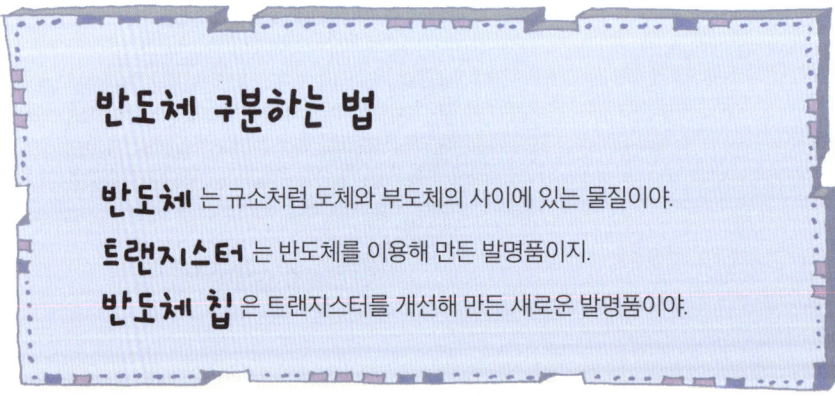

반도체 구분하는 법

반도체 는 규소처럼 도체와 부도체의 사이에 있는 물질이야.
트랜지스터 는 반도체를 이용해 만든 발명품이지.
반도체 칩 은 트랜지스터를 개선해 만든 새로운 발명품이야.

반도체의 발전으로 가장 큰 영향을 받은 것은 바로 컴퓨터야. 반도체 기술이 빠르게 발전하면 발전할수록 컴퓨터도 빠르게 발전하거든.

컴퓨터에 필요한 반도체는 여러 가지가 있어. 많은 반도체가 아주 복잡하게 얽혀서 하나의 컴퓨터를 만들지. 하지만 컴퓨터가 아무리 복잡하더라도 대부분 **폰 노이만 구조**라는 것을 기초로 만들어졌다는 것만 기억하면 돼.

폰 노이만 구조는 존 폰 노이만(1903~1957년)이라는 사람이 만든 컴퓨터의 설계도야. 노이만은 미국의 유명한 수학자인데 여러 분야에서 수많은 업적을 남겨서 인류 역사에서 손꼽히는 천재로 인정받는 사람이야. 이 사람은 컴퓨터가 만들어지기도 전에 인공 지능의 등장을 예견하기도 했지. 일부 사람의 말에 따르면 노이만이 동료와 기차 여행을 하는 중에 폰 노이만 구조를 만들어 냈다고 해.

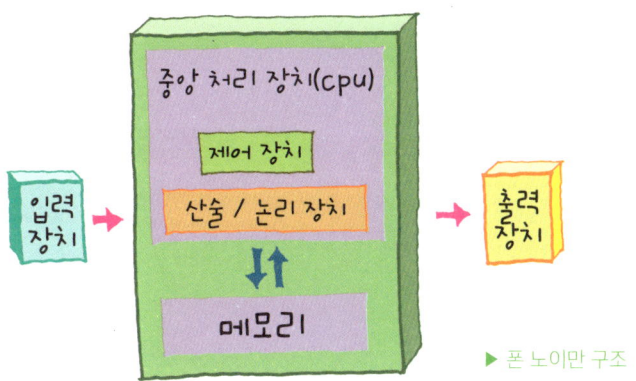

▶ 폰 노이만 구조

폰 노이만 구조는 컴퓨터를 중앙 처리 장치와 메모리 두 부분으로 나누고 있어. 중앙 처리 장치는 CPU라고도 하는데 이 부분이 바로 컴퓨터의 두뇌라고 할 수 있어. 그만큼 CPU를 만들기 위해서는 아주 뛰어난 기술이 필요해. 반도체를 다루는 최첨단 기술이 가장 많이 쓰이는 곳이 바로 CUP지.

기술이 발달할 때마다 새로운 CPU가 만들어져. CPU 기술은 지금도 끊임없이 발전하는 중인데 두 가지 방법으로 발전하고 있어. 좀 더 조밀한 반도체 칩을 만들거나 반도체 칩을 아예 새로 설계하는 거야.

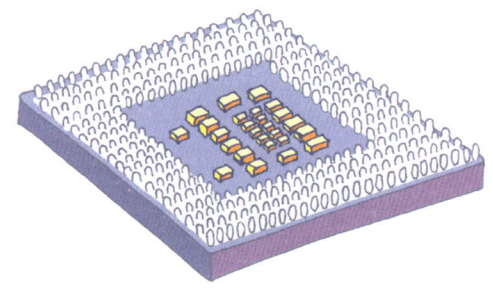

더 조밀한 반도체 칩을 만드는 것은 복잡하지 않아. 반도체 칩을 만들 때 홈을 더 가늘게 파면 되거든. 그러면 반도체 칩 안에 들어 있는 작은 트랜지스터가 더 작아져서 반도체 칩 안에 더 많은 트랜지스터를 넣을 수가 있어.

사실 반도체의 홈을 가늘게 파는 것은 말처럼 쉬운 일이 아니야. 아주 작고 날카로운 칼이 필요하기 때문이야. 원자 몇 개를 잘라 낼 정도로 날카로워야 하지. 당연히 쇠로 만든 칼로는 불가능해.

그래서 요즘은 반도체에 홈을 파기 위해 빛과 플라즈마를 사용해. 지금부터 그 과정을 설명해 줄게.

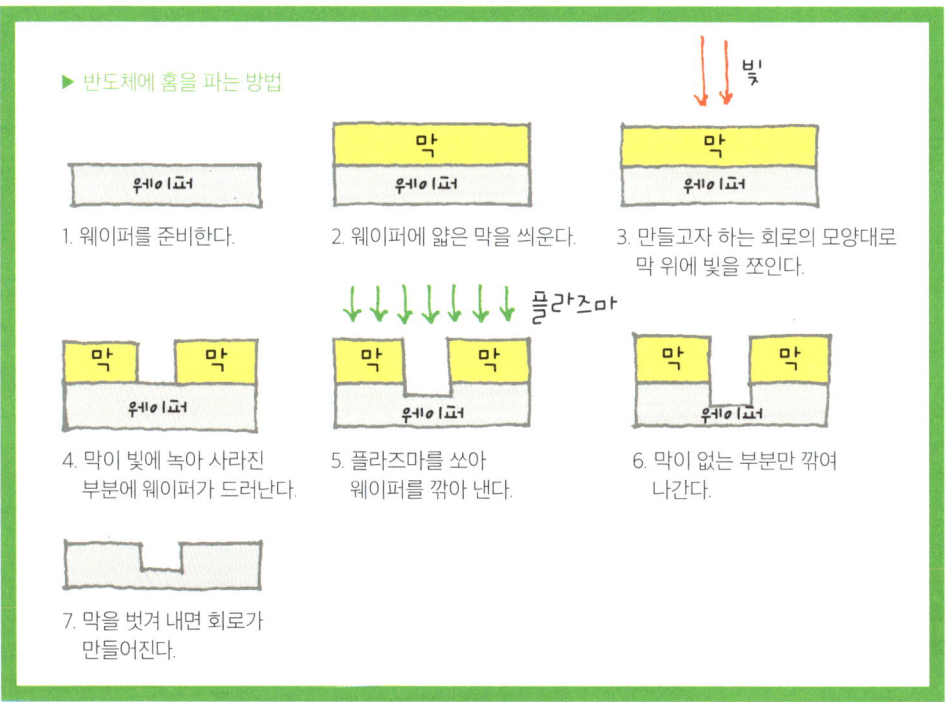

웨이퍼를 준비해. 그리고 그 위에 얇은 막을 씌워. 이 막은 탄력 있고 열에 잘 견뎌서 반도체를 보호해 주는 막이야. 하지만 빛을 비추면 금방 녹아서 사라져. 그 위에 아주 가느다란 빛으로 회로 모양을 그려. 반도체 위의 막에 회로 모양을 새기는 거야. 그럼 빛이 새긴 모양을 따라 막은 사라지고 반도체만 남겠지. 그러고 나서 뜨거운 플라즈마를 쬐면 빛을 쪼인 부분의 반도체만 깎이게 돼. 처음에 씌웠던 얇은 막이 남은 부분을 보호해 주니까. 이 방법을 쓰면 반도체 칩을 아주 조밀하게 만들 수 있어.

다른 방법은 완전히 새로운 CPU를 설계하는 거야. 새로운 기술을 잔뜩 이용해서 최첨단 반도체 칩을 만들어 내는 거지. 이 방법을 잘 사용하면 반도체의 성능도 좋아지고, 가격도 싸져. 하지만 실패하면 새로 만든 CPU가 전보다 성능이 떨어질 수도 있어. 새로운 기술을 사용하다 보면 생각지 못했던 문제점이 생길 수도 있기 때문이야. 이런 일이 벌어지면 많은 노력과 비용이 무용지물이 될 거야.

CPU가 컴퓨터의 두뇌라면 메모리는 컴퓨터의 책상이야. 메모리는 직접 일을 하지 않지만 CPU가 일을 할 수 있도록 도와줘. CPU가 일을 할 때 편하도록 필요한 것을 미리 가까

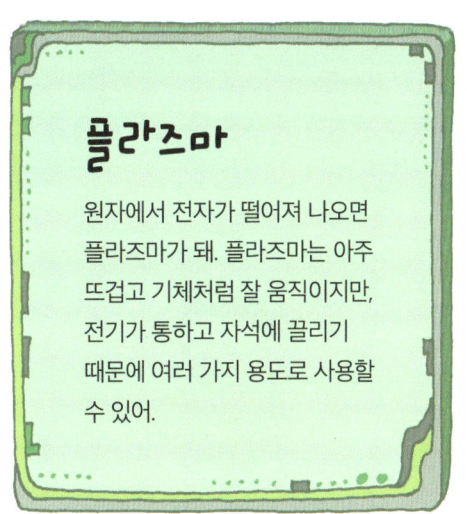

플라즈마

원자에서 전자가 떨어져 나오면 플라즈마가 돼. 플라즈마는 아주 뜨겁고 기체처럼 잘 움직이지만, 전기가 통하고 자석에 끌리기 때문에 여러 가지 용도로 사용할 수 있어.

이에 놓아두는 거지.

　컴퓨터를 CPU와 메모리 둘로 나눈 덕분에 더욱 빠르게 계산을 할 수 있게 되었어. 메모리에 필요한 것들을 미리 늘어놓으면 CPU가 쉽게 계산을 할 수 있기 때문이야. 노이만이 이런 구조를 만들지 않았다면 컴퓨터는 지금보다 훨씬 느렸을 거야.

　컴퓨터의 두뇌와 책상을 만들었으니 이제 컴퓨터에게 생각하는 방법을 가르쳐야 해. 그런데 컴퓨터가 생각하는 방법은 인간과 아주 달라. 컴퓨터는 0과 1만 이용해서 생각하거든.

　0과 1로만 이뤄진 신호를 디지털 신호라고 하는데 컴퓨터는 이 디지털 신호로 생각을 해. 그런데 0과 1로 이루어졌다는 게 대체 무슨 뜻일까? 그건 아주 간단해. 바로 전기가 켜졌는지, 꺼졌는지를 구분하는 거야. 전선에 전기가 들어오지 않으면 0이고 들어오고 있으면 1인 거지. 간단하지?

회로를 잘 이용하면 디지털 신호를 여러 가지 방법으로 전달할 수 있어. 예를 들어 두 신호가 한 트랜지스터로 들어가는데 그중 한 신호만 1이면 1이 나오게 할 수도 있고, 둘 다 1이어야만 1이 나오게 할 수도 있어. 둘 다 1이면 0이 나오지만 하나만 1이면 1이 나오게 만들 수도 있지. 이런 방법으로 트랜지스터를 아주 복잡하게 엮으면 논리 회로라는 것이 만들어져.

반도체 칩 안에 논리 회로를 아주 많이 모으면 반도체 칩은 정해 준 대로 생각하고 여러 가지 계산을 할 수 있게 돼. CPU와 메모리, 논리 회로까지 만들었으면 컴퓨터가 완성된 거야.

3

반도체가 꼭 필요해

반도체 칩이 발달하면서 전자 제품이 빠르게 발전했어. 성능도 좋아지고 크기도 작아졌지. 가격도 아주 싸져서 생활 곳곳에 쓰이게 되었어. 예전에는 트랜지스터로 만들었지만 지금은 대부분 반도체 칩으로 바뀌었지.

트랜지스터와 반도체 칩의 차이는 크기와 성능뿐만이 아니야. 일단 트랜지스터보다 반도체 칩이 가격이 더 싸. 반도체 칩이 더 최신 기술로 만들어졌는데 어째서 가격은 더 쌀까?

그건 바로 트랜지스터로 만든 전자 제품이 반도체 칩으로 만든 것보다 훨씬 복잡하기 때문이야. 전자 제품 하나를 만들기 위해서는 트랜지스터가 여러 개 필요해. 그러면 트랜지스터를 꽂아 둘 판이 있어야 하고 그 판을 연결할 전선도 필요해. 이 판과 전선 때문에 트랜지스터로 만든 전자 제품의 가격은 비싸지지. 반대로 반도체 칩은 작은 칩 안에 모든 것이 들어 있기 때문에 오히려 비용을 아낄 수 있어.

또 트랜지스터와 판, 판과 전선을 연결할 때는 납을 조금 녹여서 풀

처럼 사용해. 녹은 납이 굳으면서 트랜지스터의 다리를 판에 단단하게 고정해 주거든. 그런데 이 일은 힘들고 어려워. 납을 녹일 기계도 필요하지. 그러니 가격이 비쌀 수밖에 없는 거야.

게다가 트랜지스터로 만든 전자 제품은 반도체로 만든 것에 비해 고장 나기도 쉬워. 물론 트랜지스터 자체는 튼튼하지만 트랜지스터의 가느다란 다리는 약하기 때문이야. 오래된 전자 제품은 트랜지스터 다리가 부러지는 바람에 고장이 나기도 해. 또 다리를 고정하는 납이 떨어져 고장이 나기도 하지. 하지만 반도체 칩은 전체가 한 덩어리이기 때문에 약한 부분이 부러질 걱정이 없어.

요즘은 컴퓨터를 한 사람당 한 대씩 들고 다니는 경우가 많아. 스마트폰 말이야. 스마트폰은 사실 전화기가 아니라 컴퓨터라고 봐야 해. 컴퓨터 기능이 있는 전화기가 아니라 전화 기능이 있는 컴퓨터에 가깝거든.

왜냐고? 스마트폰이 폰 노이만 구조대로 만들어졌기 때문이야. 스마트폰에도 CPU와 메모리가 따로 있어.

스마트폰의 CPU와 메모리 역할을 하는 반도체 칩은 우리가 매일 사용하는 컴퓨터에 쓰인 반도체 칩과 비슷한 크기야. 하지만 여러 가지 차이점이 있어. 가장 먼저 성능이 조금 모자라지. 그 대신 적은 전기만으로 움직일 수 있어. 작은 배터리에 들어 있는 전기만으로 작동해야 하니까.

그뿐만 아니라 스마트폰에 쓰이는 반도체 칩은 쉽게 뜨거워지지 않아야 해. 반도체 칩을 사용하다 보면 열이 나서 뜨거워지는데 보통 컴퓨터나 노트북은 안에 '쿨링팬'이라고 불리는, 열을 식혀 주는 작은 선풍기가 들어 있어. 하지만 스마트폰 안에는 이런 선풍기를 넣기도 힘들고 만들어도 아주 작아야 하지. 그래서 스마트폰에 들어가는 반도체 칩은 컴퓨터에 들어가는 반도체 칩보다 덜 뜨거워지도록 만드는 거야.

버스를 탈 때 쓰는 교통 카드도 반도체 칩으로 만들어졌어. 아주 작고 얇은 반도체가 교통 카드 안에 들어 있는 거지. 그래서 갖다 대기만 하면 저절로 요금이 빠져나가게 할 수 있는 거야. 그런데 배터리가 없는데 어떻게 반도체 칩이 작동하는 걸까?

그건 바로 교통 카드에 있는 반도체 칩 안에 발전기가 들어 있기 때문이야. 교통 카드 안에서 만들어 낸 전기로 반도체 칩이 작동하지.

　　전기를 만드는 데 필요한 것은 둥근 고리와 자석뿐이야. 둥근 반도체나 도체 고리 주변에서 자석을 움직이면 전기가 생겨나거든. 교통 카드뿐 아니라 수력 발전기, 원자력 발전기, 화력 발전기 등 다른 발전기도 모두 이 원리를 이용해서 전기를 만들어. 교통 카드 안에는 둥근 고리가 있고 교통 카드 단말기에는 자석이 들어 있어.

　　손에 교통 카드를 들고 교통 카드 단말기 가까이로 가져가면 교통 카드 안에 있는 도체 고리가 단말기 안에 있는 자석과 만나게 돼. 우리가 카드와 단말기를 만나게 해 주는 거야.

석탄을 태우는 증기나 물의 낙차가 발전기를 돌리는 것처럼, 팔의 힘이 발전기를 돌리는 역할을 하는 거지. 그렇게 만들어진 전기가 반도체 칩을 작동시켜서 버스나 지하철의 요금을 낼 수 있게 되는 거야.

3 반도체,
너 없이는 살 수 없어

반도체는 반도체 칩으로 만들어져서 복잡한 회로를 만드는 데만 쓰일까? 절대 그렇지 않아. 반도체가 할 수 있는 일은 무궁무진하게 많거든.

인간이 빛을 마음대로 다룰 수 있게 된 것도 반도체 덕분이야. 반도체는 빛을 감지하기도 하고 빛을 내뿜기도 하거든.

반도체가 어떨 때 전기가 흐르고, 흐르지 않는지는 반도체의 종류에 따라, 그리고 섞인 물질에 따라 아주 다양하다고 했잖아. 그중에는 빛을 쬐면 전기가 통하는 반도체도 있어. 빛이 반도체를 때리면 그 충격으로 반도체 속의 전자가 움직이기 시작하는 거야. 이 원리를 이용하면 반도체가 빛을 감지할 수 있어. 빛이 비출 때와 어두울 때를 알 수 있는 거야.

가로등은 빛을 감지하는 반도체를 가지고 있어. 그래서 누가 와서 직접 가로등을 켜지 않아도 날이 어두워지면 스스로 불을 켜 주변을 밝히지. 아주 편리하지?

더 복잡하고 신기한 반도체도 많아. 가로등에 쓰인 반도체는 빛이 얼마나 밝은지만 구분할 수 있지만 어떤 반도체는 빛의 색을 구분할 수도 있지.

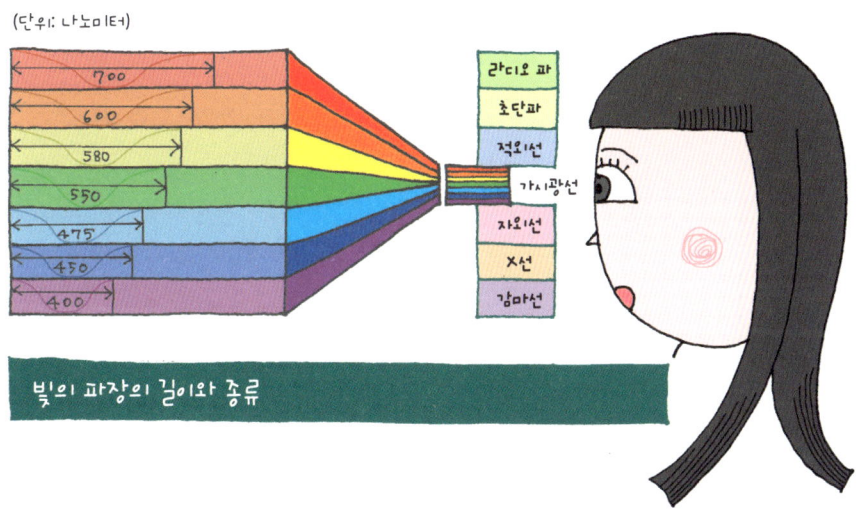

빛의 파장의 길이와 종류

빛의 색은 빛의 파장의 길이에 따라 달라져. 빛은 끊임없이 위아래로 물결치는데 그 물결의 길이를 파장이라고 해. 그 파장이 길면 붉은빛이 되고 짧으면 파란빛이 돼.

빛을 감지하는 반도체는 빛이 충돌하면 전자가 움직일 수 있게 되어서 전기가 통하지. 그런데 어떤 반도체는 그 빛의 파장이 얼마나 긴지에 따라 빛을 받아들이기도 하고 그냥 튕겨내 버리기도 해. 어떤 반도체는 파장이 긴 빛, 즉 붉은빛만 느낄 수 있어. 붉은빛을 받으면 전기가 통하는 거야. 하지만 초록빛이나 파란빛을 받으면 아무 일도 일어나지 않아.

붉은빛뿐 아니라 파란빛, 초록빛, 노란빛 등을 알아보는 반도체도 있어. 반도체에 불순물의 양을 잘 조절하면 원하는 색을 알아보는 반도체를 만들어 낼 수 있으니까. 그중에 가장 중요한 것은 붉은빛, 초록빛, 파란빛을 알아보는 반도체야. 이 세 가지 빛을 빛의 삼원색이라고 해. 다른 모든 색의 빛은 빛의 삼원색으로 만들 수 있어.

디지털 카메라가 바로 이 원리로 만들어졌어. 세 가지 빛을 감지하는 아주 작은 반도체를 잔뜩 붙여 놓는 거야. 렌즈를 이용해서 이 반도체 위에 빛이 모이도록 해 놓으면 반도체가 어느 곳에 어떤 색이 있는지 알아내.

이 방법 덕분에 작은 반도체와 렌즈만으로 사진을 찍을 수 있게 되었어. 필름은 전혀 필요 없지. 크기도 아주 작아. 그래서 카메라가 핸드폰에 달릴 수 있게 되었고, 필름 없이도 쉽게 사진을 찍을 수 있게 되었어.

반도체로 빛을 만들어 낼 수도 있어. 어떤 반도체는 전기가 흐를 때 빛을 내뿜거든. 이걸 바로 LED라고 해.

LED는 아주 많은 장점을 가지고 있어. 그래서 점점 더 많은 곳에서 LED를 사용하고 있지. 전자 기기는 물론 요즘은 조명이나 신호등에도 LED가 많이 쓰여.

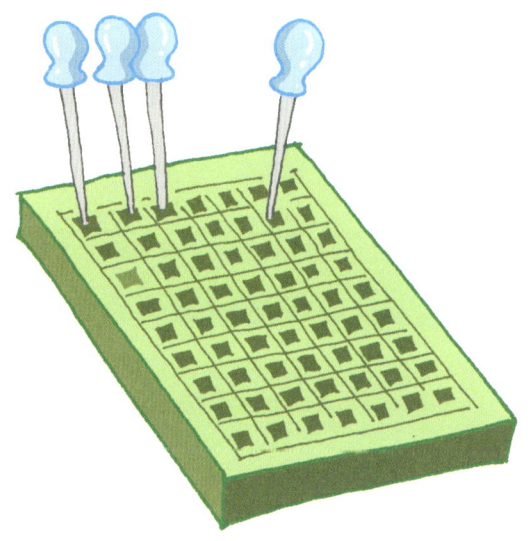

LED의 가장 큰 장점은 뜨거워지지 않는다는 거야. 전구나 형광등을 사용하면 시간이 지날수록 점점 뜨거워지는데 LED는 전혀 그렇지 않아. 그래서 빛나는 LED를 맨손으로 잡아도 화상 입을 일이 없지.

뜨겁지 않다는 말은 새어 나가는 전기가 없다는 말이기도 해. 전구나 형광등은 빛을 낼 때 전기가 많이 새어 나가. 그 전기가 전구와 형광등을 뜨겁게 만드는 거야. 그러니까 LED가 뜨겁지 않다는 것은 낭비되는 전기가 아주 적다는 뜻이지. 게다가 LED는 밝기도 아주 밝고 튼튼하기까지 해. 비상용 손전등이나 커다란 전광판에도 LED가 아주 많이 쓰이지. 또 작은 장난감에도 들어 있어. 핸드폰으로 사진을 찍을 때 쓰는 플래시도 LED야.

빛을 기록하고 만들어 내는 것을 자유자재로 할 수 있게 된 것, 디지털 카메라나 핸드폰으로 사진을 찍고 동영상을 녹화하는 것, 그 동영상을 재생하는 것 모두 반도체 덕분에 할 수 있게 된 거라는 것 잊지 마.

2

못하는 것이 없지

반도체로 또 무엇을 할 수 있을까?

주변의 온도도 감지할 수 있어. 일정 온도보다 뜨겁거나 차가운 상태에서만 전기가 통하는 반도체가 있거든. 이런 반도체는 아주 편리하게 쓰여. 예를 들어 날씨가 너무 더울 때 자동으로 켜지는 에어컨이 있는데 이때는 반도체가 온도를 측정하고 날씨가 덥다는 것을 알아내서 에어컨이 스스로 켜지게 해. 반대로 너무 추울 때 자동으로 보일러를 켜 집 안을 따뜻하게 해 주는 것도 가능하지.

반도체로 온도계도 만들 수 있어. 온도가 올라갈수록 전기를 많이 흘리는 반도체를 이용하면 온도를 쉽게 알 수 있거든. 집에서 흔히 볼 수 있는 전자 체온계가 바로 반도체로 만들어진 온도계야.

반도체 온도계가 발명되기 전에는 모든 온도계는 유리 속에 수은이나 알코올을 넣어서 만들었어. 알코올이나 수은은 뜨거워지면 부피가 커지는데 그 성질을 이용한 거야.

이건 수은 온도계야.

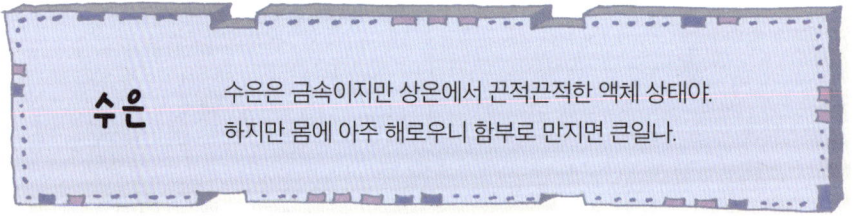

수은 수은은 금속이지만 상온에서 끈적끈적한 액체 상태야. 하지만 몸에 아주 해로우니 함부로 만지면 큰일나.

온도계를 처음 만든 사람은 아주 유명한 사람이야. 바로 지동설을 주장했다가 불에 타 죽을 뻔한 갈릴레오 갈릴레이(1564~1642년)지.

갈릴레이는 지동설 외에도 여러 가지 과학 법칙을 발견했고, 신기한 물건도 많이 만들었어. 움직이는 물체는 계속 움직이려 한다는 관성의 법칙을 발견한 것도 갈릴레이고, 조그맣고 어설픈 망원경을 개선해 밤하늘의 별까지 볼 수 있도록 만든 것도 갈릴레이가 한 일이야.

갈릴레이는 액체가 열을 받으면 부피가 커지고 식으면 줄어드는 성질을 이용해 최초의 온도계를 발명했어. 기다란 유리관에 액체를 넣고 눈금을 그어 액체의 부피를 쟀던 거야. 그 덕분에 사람들은 정확한 온도를 측정할 수 있게 되었지.

지동설 지구는 태양의 주위를 돈다는 설이야. 지구가 우주의 중심이라는 천동설을 믿고 있던 사람들에게 충격을 주었지.

그런데 이런 온도계는 유리로 만들었으니 깨지기 쉬웠어. 그러면 온도계를 못 쓰게 될 뿐 아니라 온도계를 채운 유독한 수은 때문에 위험했어. 또 이런 온도계는 온도를 잴 때까지 시간이 한참 걸려. 눈금이 천천히 올라가기 때문이야.

하지만 반도체 온도계가 발명되자 이런 문제점이 한 번에 사라졌어. 반도체 온도계는 가볍고 튼튼해서 깨지지 않고 가지고 다니기도 쉽거든. 또 사용하기 편하지. 온도를 잴 곳에 가져다 대고 버튼을 누르면 돼. 그러면 금방 온도를 알아내서 숫자로 보여 줘. 직접 눈금을 읽어야 하는 알코올 온도계나 수은 온도계보다 훨씬 간편하지.

그뿐 아니라 반도체는 압력을 감지할 수도 있어. 어떤 반도체는 세게 누르면 그 힘으로 전기를 만들어 내는데, 이 성질을 이용하면 반도체에 어떤 힘이 가해지고 있는지 알 수 있어.

자동차의 에어백은 이 반도체를 사용해서 만들어. 자동차 사고가 나서 큰 충격이 가해지면 반도체가 그걸 알아내서 재빨리 에어백에 공기를 집어넣어 커다란 풍선을 만드는 거야. 그러면 사고가 나도 자동차 안에 탄 사람이 크게 다치는 걸 막을 수 있어.

압력을 감지하는 반도체를 이용해서 가속도 센서라는 것을 만들 수도 있어. 가속도 센서는 어느 방향으로 힘이 가해지고 있는지 알아내.

가속도 센서를 만드는 방법은 간단해. 압력을 느끼는 반도체로 작은 방을 만들고 그 방 안에 공이 멋대로 굴러다니도록 하는 거야. 이렇게 하면 방이 힘을 받아 움직일 때, 공은 관성의 법칙 때문에 그 자리에 가만히 있으려고 해. 예를 들어 방을 왼쪽으로 밀면 공은 방의 오른쪽으로 굴러가. 버스가 갑자기 출발하면 몸이 뒤쪽으로 쏠리는 것과 같은 원리지.

이 가속도 센서가 어디에 쓰이냐고? 그건 바로 핸드폰이야. 핸드폰을 옆으로 눕히면 화면이 자동으로 가로로 바뀌는 걸 본 적이 있지? 이건 가속도 센서가 중력의 방향을 감지하고 화면을 눕혀 주는 거야.

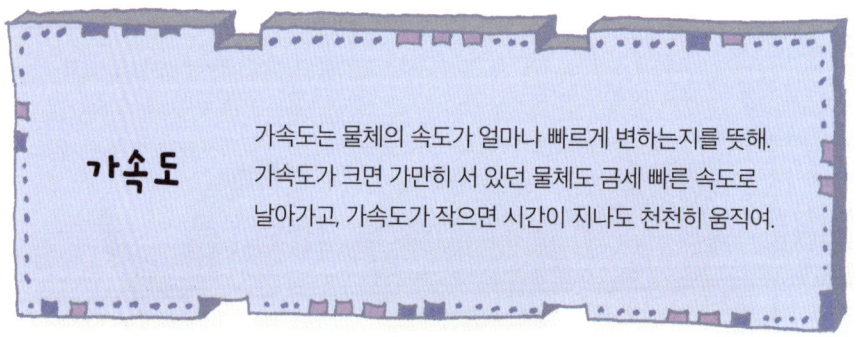

가속도는 물체의 속도가 얼마나 빠르게 변하는지를 뜻해. 가속도가 크면 가만히 서 있던 물체도 금세 빠른 속도로 날아가고, 가속도가 작으면 시간이 지나도 천천히 움직여.

또 반도체는 인간의 몸에 유해한 것들을 탐지해 주는 장치를 만들 때도 많이 쓰여. 공기 중에 어떤 가스가 있는지도 반도체를 통해 알 수 있지. 가스 밸브에서 가스가 새는지 검사하는 기계도 반도체로 만들어졌어.

원리는 아주 간단해. 특정 가스와 만나면 전기가 흐르는 반도체를 집어넣는 거야. 그 반도체 양쪽에 건전지를 연결하고 전기가 통하는지 통하지 않는지만 보면 되지. 만약 전기가 통한다면 어디선가 가스가 새고 있는 것이고, 전기가 통하지 않으면 아무 이상 없으니 안심해도 되는 거야.

반도체 덕분에 방사선 탐지기도 많이 발전했어. 반도체가 쓰이기 전에도 방사선 탐지기는 있었는데 몇 가지 문제점이 있었어.

방사선은 빛의 일종이야. 하지만 햇빛이나 불빛보다 훨씬 강한 힘을 가지고 있고, 옷이나 피부를 뚫고 몸 내부까지 상처를 입힐 수 있어. 그런 방사선의 힘을 이용해서 만든 것이 바로 가이거 계수기라는 방사선 탐지기야. 가이거 계수기 안에는 특별한 가스가 가득 차 있어. 이 가스는 평소에는 아주 얌전하지. 사람이 직접 마셔도 아무 해가 없을 정도야. 하지만 방사선을 만나면 아주 작은 전깃불을 만들어. 가이거 계수기는 그걸 이용해서 방사선을 탐지하는 거야.

그런데 가이거 계수기는 먼 곳에 있는 방사선을 측정하기 어려워. 방사선을 측정하려면 방사선을 방출하는 물체에 가까이 다가가야 하거

든. 그런데 방사선을 측정하기 위해 가까이 다가가야 한다니 정말 위험한 일이었어. 또 크기도 꽤 커서 한 손에 가지고 다니는 일이 쉽지 않았어.

    이런 문제점을 해결하기 위해 반도체를 이용해 방사선 측정기를 만들었어. 원리는 빛을 탐지하는 반도체와 똑같아. 방사선이 반도체에 닿으면 그 충격으로 반도체 안에 있는 전자가 움직여서 전기를 통하게 하는 거지.

    반도체로 만든 방사선 탐지기는 먼 거리에서도 방사선을 쉽게 잴 수 있어. 한 손에 쏙 들어올 만큼 작아서 가지고 다니기도 편했지. 방사선이 나오고 있을지도 모르는 위험한 구역에서도 방사선 탐지기만 있으면 위험한 방사선을 피해 다닐 수 있어. 반도체로 사람의 생명을 구하기도 하는 거야.

반도체는 최첨단 기구에만 쓰이는 게 아니야. 지금까지 살펴본 것처럼 우리 생활 곳곳에서 아주 많이 쓰이고 있지. 그러니 반도체가 갑자기 삶에서 사라져 버리면 아주 큰일이 벌어질 거야. 전화도 하지 못하고 TV도 보지 못하고 에어컨도 냉장고도 작동하지 못하고……. 그게 전부일까?

반도체가 사라지면 밖으로 나갈 때 문을 잠그기도 어려워질 거야. 잠금 장치에 반도체를 쓰는 곳이 아주 많기 때문이야. 문을 잠그지 못하면 도둑이 들지도 모르니 마음 놓고 밖에 나갈 수 없을 거야. 게다가 핸드폰도 작동하지 않을 테니 도둑이 들어도 경찰에 신고하기 힘들 테지.

밖으로 나와도 아주 위험해서 함부로 돌아다닐 수 없어. 우리나라의 신호등은 대부분 LED로 만들어져 있거든. 반도체가 없으면 신호등도 켜지지 않을 거야. 위험해서 길을 건널 수가 있겠어?

가장 큰 문제가 생기는 곳은 병원일 거야. 병원은 사람의 건강과 생명을 다루는 곳인데 병원 컴퓨터에 문제가 생기면 많은 사람의 생명이 위험해질 수도 있어. 입원한 환자를 돌보는 기기 중에 반도체 칩이 쓰인 것이 아주 많거든. 환자의 심장이 잘 뛰고 있는지, 환자가 숨을 잘 쉬고 있는지, 열이 나지는 않는지를 의사나 간호사가 하루 종일 살펴보기 어렵기 때문이야. 그래서 요즘 병원에서는 반도체 칩이 들어 있는 장치를 환자에게 붙여 둬. 이 장치가 의사나 간호사 대신 환자를 계속 지켜보는 거야. 문제가 생기면 자동으로 의사에게 전달해 주기까지 해. 그러면 의사가 달려와 도와줄 수 있지. 이런 장치는 반도체 없이 작동할 수 없어. 그러니 반도체가 사라진다면 입원한 환자를 돌보는 게 아주 힘들어질 거야.

반도체가 갑자기 사라진 세상, 정말 무섭지? 그런데 더 무서운 것은 이런 일이 정말로 벌어질 수도 있다는 거야.

EMP라는 걸 들어 본 적이 있니? 요즘 영화나 게임에서 자주 나오니 들어 본 적이 있을지도 몰라. EMP는 전자기파라고 하는데, 공기 중에 전기가 흐르는 것을 말해. 전기는 주변으로 퍼져 나가다가 금속이나

반도체처럼 전기가 흐를 수 있는 곳으로 파고들어 가. 그럼 전원을 켜지 않아도 아주 강한 전기가 흐르게 되지. EMP가 발생하면 그 범위 안에 있는 전자 기기는 대부분 고장이 나. 특히 반도체 칩처럼 민감한 부품은 더욱 그렇지. 조금 전에 말한 혼란스러운 사태가 실제로 일어나게 되는 거야.

그런데 공기는 전기가 흐르지 않는 부도체인데 어떻게 EMP가 존재할 수 있을까?

EMP는 핵폭탄이 터졌을 때처럼 아주 강한 열과 빛이 뿜어져 나오는 순간에 생겨. 열과 빛이 공기를 이루는 원자를 꽝 때리면 그 충격 때문에 원자가 가지고 있는 전자가 밖으로 튀어나가 버리지. 이게 바로

EMP야.

　EMP는 벽을 통과할 수 있어. 그러다 전기가 잘 통하는 도체나 반도체를 만나면 강한 전기로 변해. 그런데 반도체는 이렇게 강한 전기를 받으면 새까맣게 타 버리거든. 그래서 반도체가 망가지는 거야.

　태양에서 폭발이 일어났을 때도 EMP가 생겨. 태양에는 항상 크고 작은 폭발이 일어나고 있는데, 가끔 아주 커다란 폭발이 일어나면 열과 함께 무시무시한 방사능과 전자기파를 뿜어내. 이걸 태양풍이라고 해. 다행히 지구의 자기장이 태양풍을 막아 내기 때문에 우리 건강에 나쁜 영향을 끼치지는 않아. 하지만 태양풍과 지구의 자기장이 충돌하면서 EMP가 나와 전자 기기를 망가트리기도 하지.

▶ 태양이 폭발하는 모습

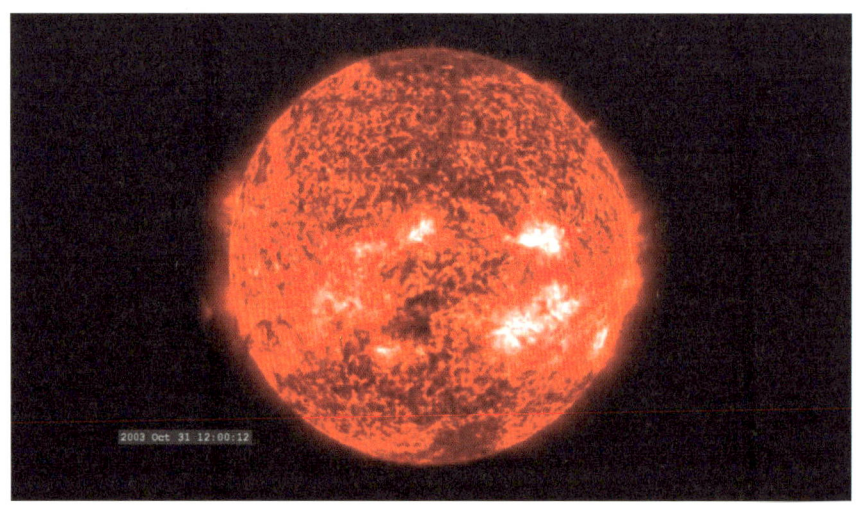

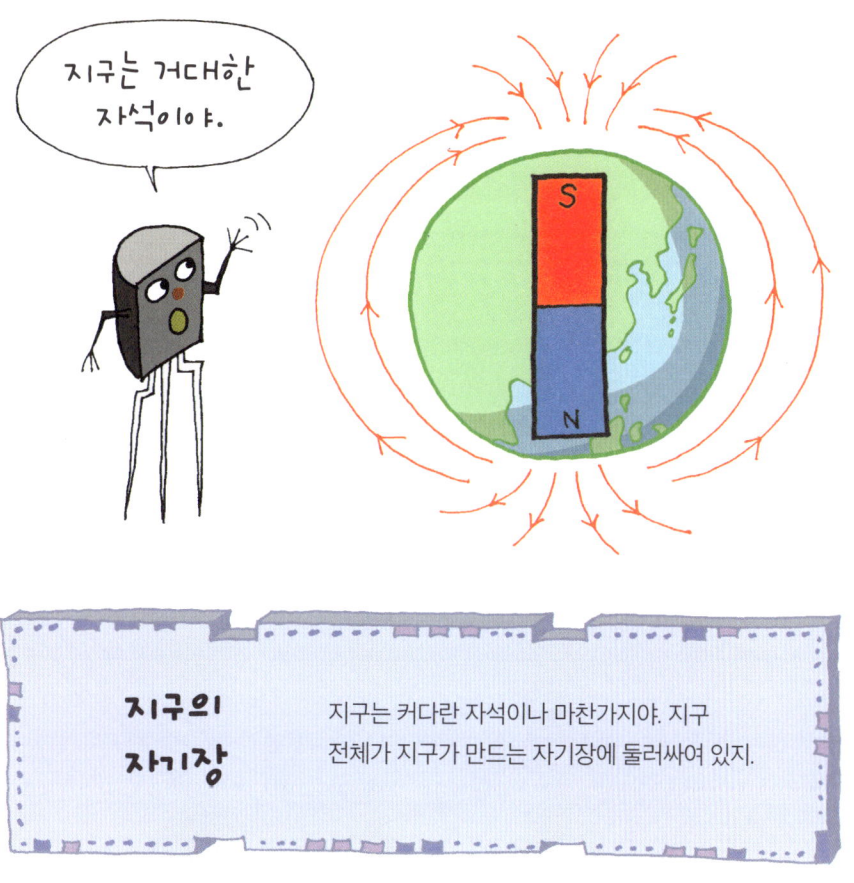

지구의 자기장

지구는 커다란 자석이나 마찬가지야. 지구 전체가 지구가 만드는 자기장에 둘러싸여 있지.

    용수철 모양의 전선에 갑자기 강한 전류를 흘려도 EMP가 생겨나. 또는 강한 전류가 흐르는 용수철 모양 전선을 폭발시켜도 EMP가 나오지. 전류의 흐름이 갑자기 바뀌면 공기 중의 전자가 튀어나오기 때문이야. 핵폭탄이 폭발할 때처럼 말이야.

    전기를 많이 사용하는 변전소에서 EMP가 생기기도 해. 변전소는 발전소에서 만든 전기나 고압 전선에서 온 전기를 받아서 가정으로 나눠 주는 역할을 하는 곳이야. 그런데 발전소나 고압 전선에서 오는 전기는 전압이 몇 만 볼트나 되기 때문에 가정에서 바로 사용할 수 없어. 변전소에서 이런 전기의 전압을 낮춰 주는데, 전압을 조절하는 기계에는 용수철 모양 전선이 아주 많이 쓰이지. 그래서 변전소가 갑자기 멈추거나 고장이 나면 EMP가 생길 수 있어.

전봇대에 달려 있는 원통 모양의 장치도 변전소처럼 전기의 전압을 바꾸는 일을 해. 크기는 작지만 이 안에도 용수철 모양의 전선이 잔뜩 들어 있지. 그러니 전봇대에서도 EMP가 나올 수 있는 거야. 하지만 이런 일은 아주아주 드물기 때문에 갑자기 집 옆 전봇대에서 EMP가 나

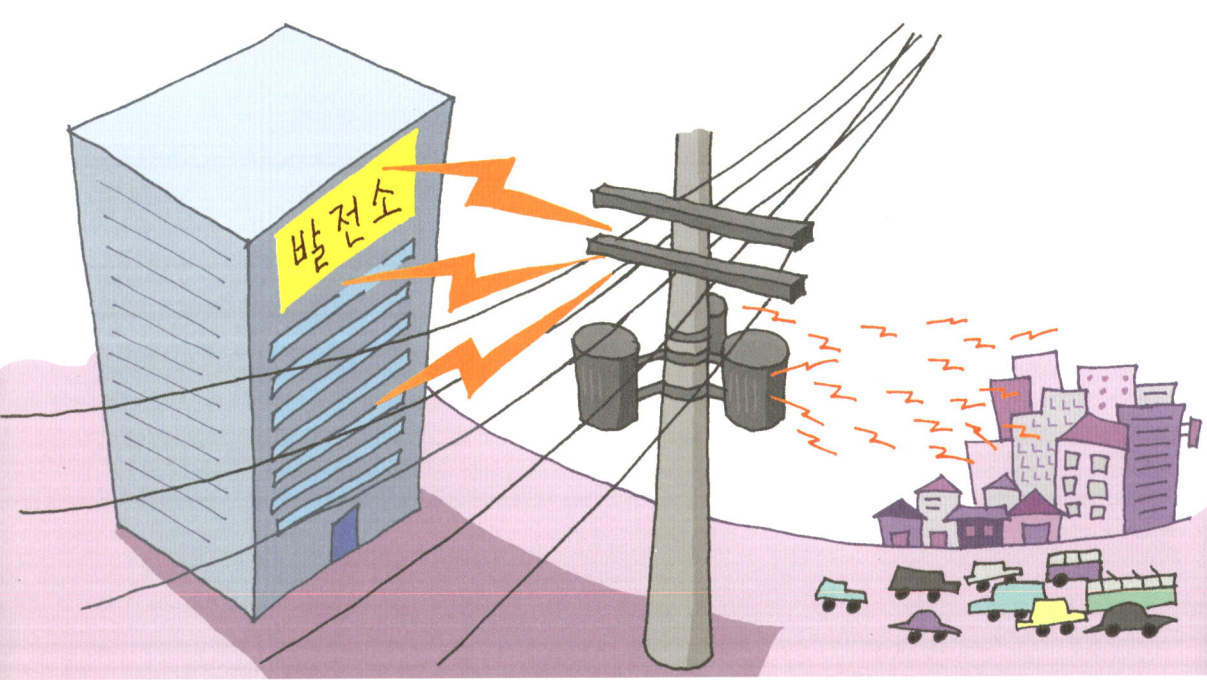

와 집에 있는 컴퓨터나 핸드폰을 망가트릴지 모른다는 걱정은 하지 않아도 돼.

EMP를 이용해서 무기를 만들려는 사람도 있어. 전쟁을 할 때 EMP를 마음대로 쓸 수 있다면 상대의 탱크나 전투기를 손쉽게 망가트릴 수 있기 때문이야. EMP는 두꺼운 벽도 뚫을 수 있기 때문에 튼튼한 건물 속에 숨어 있어도 소용없지.

그럼 EMP를 막아 낼 방법은 없을까? EMP를 연구하는 사람들이 많아진 만큼 막기 위한 방법도 발전하고 있어. EMP를 막아 내는 가장 유용한 방법 중 하나는 특수 합금으로 중요한 반도체 칩을 둘러싸는 거야. 그러면 반도체 칩을 안전하게 보호할 수 있지. 발전소나 병원 같은 중요한 시설의 컴퓨터는 이 합금으로 보호되고 있어.

요즘은 핸드폰이나 가정용 컴퓨터에도 EMP를 막아 내는 장치가 들어 있어. 약한 EMP는 큰 문제없이 막아 낼 수 있지. 좀 더 기술이 발전하면 EMP에 대해 걱정하지 않아도 될지도 몰라.

4 반도체와 미래

반도체는 지금 이 순간에도 계속해서 발전하고 있어. 더 작아지고, 더 정밀해지고 있지. 그리고 반도체가 쓰이는 곳도 점점 늘어나고 있어.

앞으로 또 어떤 반도체가 나타날까? 어떤 새로운 곳에 반도체가 쓰일 수 있을까?

요즘은 주변의 모든 물건을 컴퓨터에 연결하는 기술이 발전하고 있어. 이걸 사물 인터넷이라고 해. 사물 인터넷은 우리 주변의 모든 사물이 인터넷을 통해 연결되는 것을 뜻하지. 예를 들어 전등을 인터넷에 연결시켜서 휴대 전화를 이용해 켜고 끈다거나, 방 안 공기가 탁해지면 센서가 창문에 신호를 보내 신선한 바깥 공기를 방 안에 넣어 준다든가 하는 것을 말해.

또 자동차에 탄 운전자가 직접 운전하지 않아도 자동차 스스로 길을 찾아가고, 불이 났을 때 아무도 신고하지 않아도 소방서에서 불이 난 것을 알아채고 소방관이 출동할 수도 있어. 이렇게 주변 사물 모든 것에 인터넷이 연결되면 훨씬 편안한 생활을 할 수 있을 뿐 아니라 위험한 상황에서도 쉽게 벗어날 수 있어.

이런 모든 일을 하려면 전등이나 창문과 컴퓨터를 모두 와이파이로 연결해야 해. 또 와이파이를 사용하려면 작고 성능 좋은 반도체가 필요하지. 컴퓨터가

인터넷을 통해 내리는 명령을 알아들어야 하니까.

컴퓨터가 시간에 맞춰 창문을 열라는 명령을 내리면 창문에 붙어 있는 반도체 칩이 그 명령을 알아듣고 모터를 움직이지. 전선 없이도 컴퓨터로 집 안의 모든 것들을 마음대로 다룰 수 있는 거야.

최근에는 옷이나 장신구처럼 몸에 입는 반도체가 빠르게 발전하고 있어. 입는 반도체는 몸에 항상 닿아 있어. 그걸 이용해서 체온이나 맥박, 혈압을 잴 수 있지. 그리고 몸 상태가 나빠지면 직접 주인에게 가르쳐 주기도 하고 병원으로 바로 연락을 할 수도 있어. 그러면 병원에서는 환자의 상태를 미리 파악해서 진료를 하거나 처방전을 내어 줄 수 있지. 작은 병원을 입고 다니는 거나 마찬가지인 거야.

안경에도 반도체가 들어갈 수 있어. 안경은 시력이 나쁜 사람이 주변을 선명하게 볼 수 있게 해 주는 도구야. 인간의 눈은 빛을 굴절시켜서 한곳으로 모은 뒤에 그 빛을 감지하는데, 눈의 모양이나 두께가 일정하지 않으면 빛이 잘못 휘어서 주변이 잘 보이지 않게 돼. 안경은 빛을 휘어서 빛이 눈 속 망막이라는 곳에 모이게 도와줘.

그런데 시간이 지나면

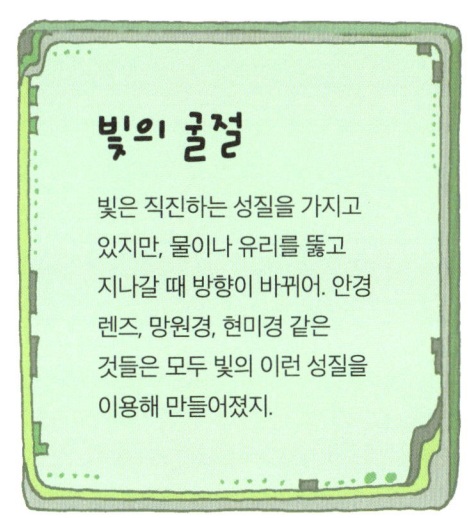

빛의 굴절

빛은 직진하는 성질을 가지고 있지만, 물이나 유리를 뚫고 지나갈 때 방향이 바뀌어. 안경 렌즈, 망원경, 현미경 같은 것들은 모두 빛의 이런 성질을 이용해 만들어졌지.

시력이 변하기 때문에 가끔 안과에 가서 새 안경을 맞춰야 해. 새 안경을 사려면 돈이 많이 들지. 또 새 안경으로 바꾸면 갑자기 눈에 보이는 풍경이 바뀌어서 많이 어지럽기도 해. 그런데 반도체를 이용하면 이런 불편을 쉽게 해결할 수 있어. 어떻게 해결하냐고?

반도체 중에는 투명한 반도체도 있어. 유리처럼 빛을 통과시키지. 그런데 이 반도체는 그저 투명하기만 한 것이 아니야. 반도체의 상태에 따라 빛이 얼마나 휘는지도 달라져. 불순물의 양에 따라, 불순물의 배치나 전기의 흐름에 따라 빛의 휘어짐이 달라지는 거야. 이걸 잘 이용하면 빛이 얼마나 휘는지 마음대로 조절할 수도 있어.

이런 반도체를 이용해 안경을 만들면 어떻게 될까? 시력이 바뀌어도 안경을 컴퓨터에 연결하고 숫자를 입력하는 것만으로 다시 잘 보이게 될 거야. 그러면 시력이 바뀌어도 안경을 새로 살 필요가 없어지겠지. 또 갑자기 안경이 바뀌어서 어지러움을 겪을 필요도 없고 말이야.

시간이 지날수록 우리의 삶에서 반도체가 차지하는 부분은 더욱 커질 거야.

반도체의 쓰임이 많아지면서 성능도 좋아지고 있어. 몇 달만 지나면 훨씬 성능이 좋은 반도체 칩이 만들어지거든. 그럼 반도체의 성능은 끝없이 좋아질까? 그렇지 않아. 지금 방식대로 만드는 반도체에는 한계가 있지.

반도체 칩을 만들 때 전기가 지나갈 길을 만들기 위해 파는 홈이 가늘어질수록 반도체 칩의 성능이 좋아진다고 했지? 그런데 홈이 너무 좁으면 오히려 반도체가 제 성능을 발휘하지 못해. 전자가 길을 폴짝 뛰어넘어 다른 길로 가 버리기 때문이야. 그러면 반도체가 오작동을 하게 돼.

이 문제를 해결하지 못하면 반도체의 발전은 언젠가 한계를 맞게 될 거야. 아무리 노력해도 더 성능 좋은 반도체를 만들지 못하는 순간이 올지도 모른다는 거지. 그럼 어떻게 해야 반도체가 계속 발전할 수 있을까?

미래형 반도체 중 하나로 손꼽히는 것은 바로 양자 컴퓨터에 사용하는 양자 반도체 칩이야. 양자 역학이라는 아주 어려운 과학 법칙을 이용해서 반도체 칩을 만드는 거지. 양자 역학에 따르면 전자처럼 아주 작은 물질들은 한순간에 여러 가지 모양을 가질 수 있어. 이런 것을 중첩되어 있다고 하는데, 양자 반도체 칩은 이 특징을 이용해서 한 번에 여러 가지 일을 할 수 있대. 양자 반도체 칩이 완성된다면 훨씬 빠른 속도로 많은 일을 할 수 있게 될 거야.

하지만 양자 반도체 칩은 아직 연구 중이야. 양자 반도체 칩을 사용한 양자 컴퓨터를 만들려면 많은 노력이 필요하거든. 또 완성된 양자 컴퓨터의 성능이 어느 정도일지 아직 확실하게 가늠할 수도 없고. 막상 양자 컴퓨터를 만들어 놓았는데 보통 컴퓨터와 비슷하거나, 그보다 못한 성능일 가능성도 있어. 아직 양자 역학에 대한 연구가 부족하기 때문이야. 양자 역학을 이용한 양자 반도체 칩을 만들려면 아주 작은 전자나 원자를 이용해야 하는데, 조금만 잘못하면 전자나 원자가 컴퓨터 밖으로 튕겨나가 버리거든.

또 양자 컴퓨터는 우리가 사용하는 컴퓨터와 전혀 다른 방식으로 작동하기 때문에 소프트웨어도 바뀌어야 해. 양자 컴퓨터를 이용해 보통 컴퓨터보다 몇천 배 빠른 컴퓨터를 만들어도, 기존에 일반 컴퓨터에서 사용하던 프로그램이나 게임은 할 수 없는 거야. 새로운 소프트웨어를 개발해야 하지.

반도체 칩의 재료를 바꾸려는 시도를 하는 사람도 있어. 물론 반도체 칩의 재료는 반도체지만, 반도체 주변이나 반도체를 둘러싸는 또 다른 물질은 금속이 많아. 그런데 이것들을 단백질, 즉 생물의 몸을 이루는 물질과 같은 것으로 만들려는 거지. 이런 걸 생체 반도체라고 해.

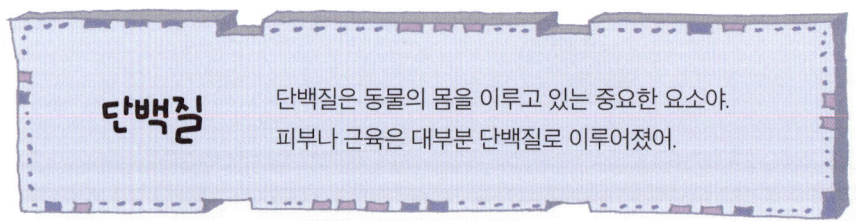

단백질은 동물의 몸을 이루고 있는 중요한 요소야. 피부나 근육은 대부분 단백질로 이루어졌어.

생체 반도체는 살아 있는 몸과 잘 어울려. 몸속에 넣어도 부작용 없이 함께 일할 수 있지. 이 점을 이용하면 여러 가지 놀라운 일들이 가능해.

사고나 병으로 눈을 다쳐서 시력을 잃게 된 사람은 대부분 평생 다시 앞을 볼 수가 없어. 눈이 보이지 않게 되는 순간 뇌와 눈을 연결하는 시신경이 함께 죽어 버리기 때문이야. 시신경은 아주 연약하고 민감한 기관이라 눈이 다치면 같이 상처를 입거든. 그래서 좋은 기술을 활용해 인공 눈을 만들어도 뇌와 인공 눈을 연결해 줄 방법이 없었어. 하지만 생체 반도체가 만들어지면 뇌와 인공 눈을 연결할 방법이 생겨. 인공 눈으로 본 것을 뇌로 전해 줄 수 있게 되는 거지. 그러면 눈을 다친 사람도 다시 앞을 볼 수 있게 될 거야.

성능 좋은 생체 반도체 칩으로 계산기를 만들어 뇌에 연결한다면 어떻게 될까? 컴퓨터 없이는 절대로 할 수 없던 어려운 계산을 암산으로 할 수 있게 될 거야. 또 책 수만 권을 머릿속에 넣어 두고 다니면서 필요할

반도체와 미래

때마다 꺼내 볼 수도 있겠지. 머릿속에 컴퓨터를 넣어 두고 다니는 것과 마찬가지인 거야.

이렇게 되면 더 이상 학교에서 수학이나 영어를 공부할 필요가 없어질 거야. 머릿속에 심은 생체 반도체 칩에 수학과 영어를 집어넣기만 하면 되거든. 그러면 어려운 수학 문제를 풀 때 반도체 칩이 도와주고, 영어로 말할 때 반도체 칩이 사전을 대신해 줄 거야. 정말 편하지?

생체 반도체 칩을 이용해 인터넷을 하게 될 수도 있어. 그러면 뇌가 항상 인터넷과 연결되어 있는 거나 마찬가지지. 스마트폰도 필요 없고 눈으로 화면을 보지 않아도 돼.

수영하는 방법을 다운로드 받으면 수영을 전혀 하지 못하던 사람도 물속에서 멋지게 헤엄칠 수 있게 될 거야. 외국 여행을 가면 비행기 안에서 그 나라 말을 인터넷으로 다운받을 수도 있어. 자동차나 비행기의 운전도 인터넷을 통해 금방 배울 수 있게 되겠지.

하지만 생체 반도체 칩은 편리한 만큼 위험하기도 할 거야. 머릿속의 생체 반도체 칩이 고장 난다면 갑자기 기억을 잃어버리거나 말하는 데 불편함이 생길 수도 있으니까. 또 누군가 다른 사람의 생체 반도체 칩을 해킹한다면 어떻게 될까? 다른 사람의 머릿속을 마음대로 들여다볼 수도 있고, 그 사람의 기억을 빼낼 수도 있을 거야. 다른 사람을 자기 마음대로 조종하게 될지도 모르지. 이런 일을 막으려는 연구도 생체 반도체 칩을 만드는 연구만큼이나 중요해.

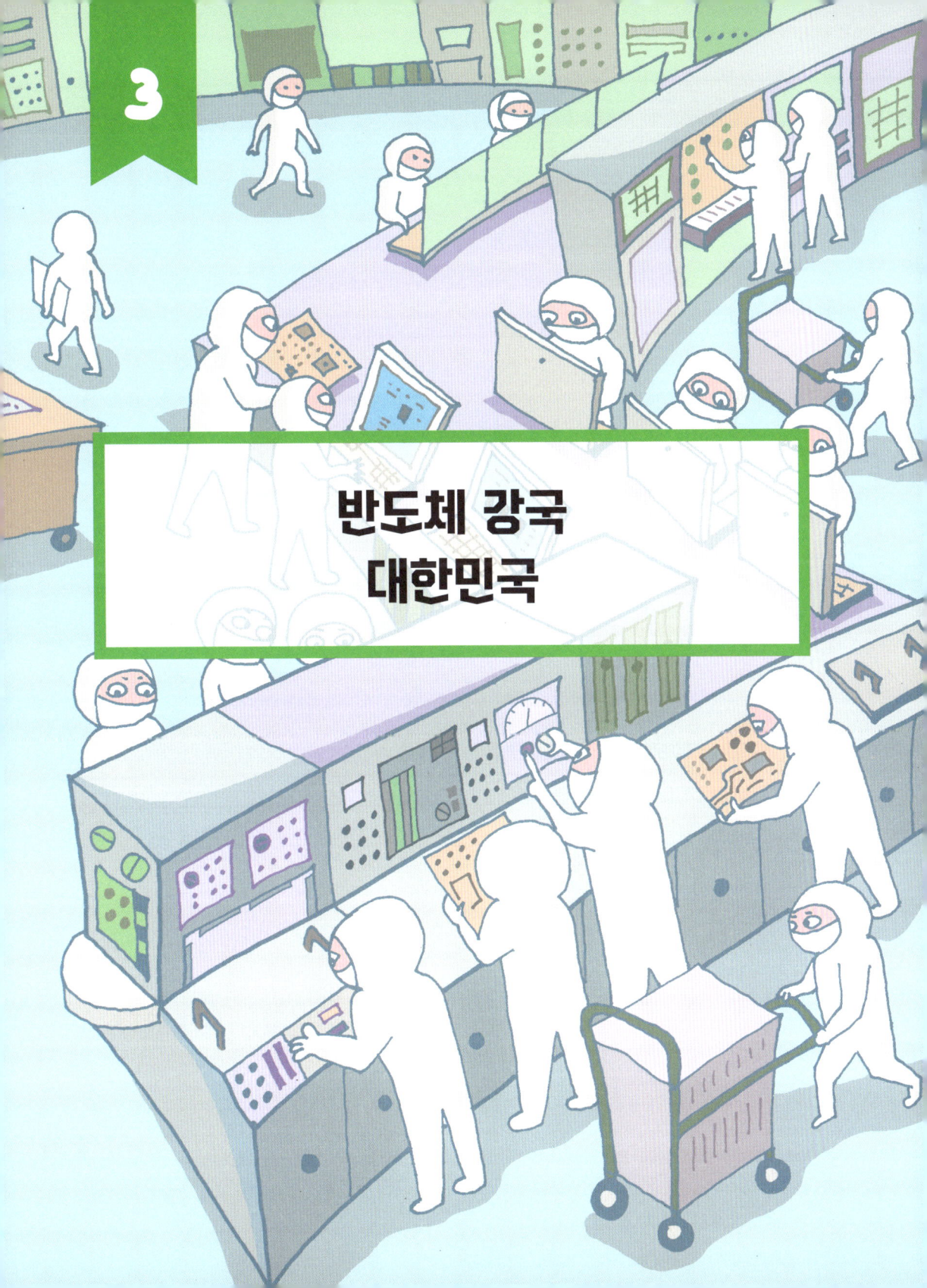

반도체나 반도체 칩을 많이 만드는 나라는 어떤 나라가 있을까? 전 세계에서 가장 많은 반도체를 만드는 나라는 미국이야. 뛰어난 기술을 가지고 있는 회사도 많고 반도체를 만들기 좋은 환경이 갖춰져 있거든.

특히 컴퓨터의 두뇌라고 할 수 있는 CPU는 대부분 미국에서 만들어. CPU는 매우 복잡하고 정밀해서 몇몇 회사밖에 만들지 못하는데, 그 회사는 거의 다 미국에 있거든.

미국에 실리콘 밸리라는 곳이 있어. 샌프란시스코에 있는 아주 살기 좋은 동네인데, 이곳에는 세계 최고의 반도체 회사가 여럿 모여 있어. 실리콘 밸리 하면 떠오르는 것이 있지 않니? 그래. 반도체의 주재료인 규소, 즉 실리콘이 생각날 거야. 실리콘 밸리라는 이름에서도 알 수 있듯이 이 지역은 반도체 산업의 중심지라고 할 수 있어. 수많은 연구원이 여기 모여서 새로운 반도체 칩을 공부하고 또 설계를 하고 있지. 아마 여기 있는 회사들이 만드는 반도체가 세계 어느 곳에서 만드는 반도체보다 많을 거야.

그럼 그다음은 어디일까? 두 번째로 반도체와 반도체 칩을 많이 만드는 곳은 바로 우리나라, 대한민국이야.

우리나라는 반도체를 만드는 데 적당한 곳은 아니야. 좋은 반도체를 만들기 위해서는 여러 가지 조건을 갖춰야 하는데 우리나라는 그중 하나밖에 충족하지 못하기 때문이지.

반도체를 만들려면 일단 반도체의 재료가 필요해. 반도체의 주재료인 규소는 모래에서도 얻을 수 있으니 우리나라에서도 쉽게 구할 수 있어. 하지만 유용한 반도체 칩을 만들려면 규소와 함께 들어갈 불순물이 꼭 필요해.

반도체에 들어가는 불순물은 대부분 희토류라고 하는 물질이야. 희토류는 땅속에 있는 희귀한 물질이라는 뜻인데 희토류 자체는 이름만큼 희귀하지 않아. 흙에 조금씩 섞여 있기 때문에 어디서든 구할 수 있어. 하지만 희토류 덩어리는 아주 희귀하지.

우리나라에서는 희토류 덩어리가 거의 나오지 않아. 많은 사람이 희토류 광산을 찾고 있지만 반도체를 만드는 데 쓸 만큼 양 많고 질도 좋은 희토류 광산은 아직 발견하지 못했어. 그래서 우리나라는 반도체 칩을 만들 때 쓸 희토류를 모두 수입하고 있지.

또 반도체를 만들려면 고른 온도와 낮은 습도가 필요해. 반도체 칩을 만들 때 온도를 일정하게 하는 것이 아주 중요하기 때문이야. 만들고 있던 반도체 칩의 온도가 바뀌면 모양이 흐트러지기도 하고, 반도체에 넣은 불순물이 고르게 퍼지지 못하고 한쪽으로 쏠리기도 해. 또 전기가 흘러야 하는 반도체에 물이 들어가면 반도체가 망가져 버리고 말아. 그래서 반도체를 만드는 곳은 공기 중에 작은 수증기도 없어야 해.

그런데 우리나라는 사계절이 뚜렷해서 기온 차이가 크고, 우리나라에 내리는 대부분의 비가 여름에 오기 때문에 특정 시기에 습도도 높아. 반도체를 만들기 어려운 날씨인 거지. 그래서 반도체 공장은 바깥 공기가 들어오지 못하도록 막고 에어컨과 공기 청정기로 공장 안의 온도와 습도를 일정하게 유지해야 해.

▶ 희토류

이렇게 반도체를 만들기 어려운 환경인 우리나라가 세계에서 두 번째로 많은 반도체를 만드는 비결은 뭘까? 그건 바로 반도체를 만드는 사람과 그 사람이 가지고 있는 기술 덕분이야.

반도체를 이용해 반도체 칩을 만들려면 아주 어려운 기술과 기술을 알고 있는 사람이 많이 필요해. 다행히 우리나라는 반도체 기술을 알고 있는 사람이 많이 있지. 날씨와 재료가 없는 문제는 많은 사람이 노력하면 해결할 수 있지만 기술을 가진 사람이 없으면 반도체를 만드는 일은 꿈도 꿀 수 없어.

옛날에는 나라에서 반도체 만드는 것을 도와줬어. 그 덕분에 우리나라의 반도체 기술은 빠르게 성장했지. 하지만 이때는 가전제품에 들어갈 작은 반도체 칩을 만들 뿐, 지금처럼 컴퓨터에 쓰이는 반도체 칩이나 복잡한 기술이 들어간 반도체 칩을 만들지 않았어.

그런데 몇몇 회사가 컴퓨터에 쓰이는 반도체 칩을 만들기 시작했어. 컴퓨터에 쓰이는 반도체 칩은 아주 복잡했기 때문에 무리라고 생각한 사람들도 많았지만 많은 사람들의 노력 끝에 컴퓨터에 쓰이는 반도체 칩도 만들어 낼 수 있게 되었지.

옛날에 무어의 법칙이라는 것이 있었어. 인터넷 경제의 3대 원칙 중 하나인 무어의 법칙은 1965년에 고든 무어(1929~현재)라는 사람이 한 말을 이용해서 만들어진 법칙이야. 무어의 법칙은 18개월, 즉 1년하고 반이 지날 때마다 반도체 칩의 성능이 2배로 늘어난다고 말해. 그리고 이건 정말이었지. 오랜 시간 동안 반도체 칩은 18개월마다 2배로 성능이 늘어났거든.

그런데 우리나라에서 이 법칙이 깨졌어. 우리나라에서 만드는 반도체는 1년마다 성능이 2배로 늘어났던 거야. 삼성전자의 반도체 부문 사장이었던 황창규(1953~현재)라는 사람이 2002년에 이 법칙을 발표했어. 이 법칙은 발표한 사람의 이름을 따서 황의 법칙이라고 해.

황의 법칙은 실제로 몇 년 동안 지켜졌어. 우리나라의 반도체 기술이 그만큼 빠르게 성장했던 거야. 지금은 반도체의 발전이 조금 느려졌지만 황의 법칙 덕분에 우리나라의 반도체는 세계 최고가 되었지.

하지만 아직 해야 할 일이 많아. 컴퓨터를 만들기 위해서는 CPU와 메모리가 필요한데 CPU는 거의 모두 미국에서 만들고 우리나라에서는 만들지 않고 있거든. CPU를 만들기 위해서 많은 연구와 준비가 필요하지.

또 반도체는 앞으로 더 많은 곳에 쓰이게 될 텐데 거기에 맞는 반도체를 만들어 내는 것도 간단한 일이 아니야. 무조건 성능이 좋은 반도체를 만드는 것보다 용도에 맞는 반도체를 만드는 게 중요해질 테니까.

반도체는 점점 더 작아지고 점점 더 빨라지고 점점 더 다양해지겠지. 우리나라의 반도체는 이미 세계 최고지만 아직 더 발전할 가능성이 있는 거야. 반도체를 연구하고 개발하는 사람들이 더 많이 늘어난다면 발전의 속도도 더 빨라질 거야. 너희들이 멋진 과학자가 되어 반도체 연구에 함께하는 건 어때? 누가 아니? 튜링이나 폰 노이만보다 더 위대한 사람이 될지 말이야.

찾아 보기

ㄱ

가속도	63~64p
가이거 계수기	65p
갈릴레오 갈릴레이	61p
교류 전기	24~25p
교통 카드	50~51p
굴절	79p
규소	21~22p, 35~37p

ㄴ

논리 회로	45p

ㄷ

단결정	37p
단백질	84p
도체	19~20p
디지털 신호	44~45p
디지털 카메라	56p

ㅁ

메모리	41p, 43~45p, 49p
무어의 법칙	92p
무선 통신	25p

ㅂ

반도체 칩	19p, 38p, 41~43p, 45p, 48~50p, 54p, 68p, 71p, 75p, 79p, 82~92p
발전기	50~51p
발전소	25~26p, 74~75p
방사선	65~66p
변전소	73~74p
부도체	19~20p, 38p
불순물 반도체	36~37p, 56p, 80p, 88~90p
빛의 파장	55p

ㅅ

사물 인터넷	78p
생체 반도체	84~86p
수은	60p, 62p
스마트폰	49~50p, 86p
실리콘	21p, 88p
실리콘 밸리	88~89p

ㅇ

아타나소프-베리 컴퓨터	13p, 16p
앨런 튜링	15p
양자 역학	83~84p
양자 반도체	83~84p

양자 컴퓨터 83~84p
에니악 16~17p, 31p
에어백 63p
온도계 60~62p
웨이퍼 37~38p, 42p

ㅈ

존 폰 노이만 40p
전기 10~11p, 19~26p, 28~30p, 35p, 38p, 44p, 49~51p, 54~55p, 57~58p, 60p, 63~64p, 66p, 70~73p
전자(-) 11p, 20~21p, 54~55p, 66p, 72~73p, 82~84p
전파 11p, 24~25p, 27p
증기 기관 29p
지구 자기장 72~73p
지동설 61p
진공 10~11p
진공관 10~14p, 16~17p, 21~22p, 24p, 27~28p, 31p
집적 회로(IC) 38p

ㅋ

콜로서스 13~14p, 16p, 30p
쿨링팬 50p

ㅌ

태양풍 72p
튜링 머신 15~16p
트래딕 31p
트랜지스터라디오 27~28p

ㅍ

폰 노이만 구조 40~41p, 49p
플라즈마 42~43p

ㅎ

황의 법칙 93p
희토류 89~90p

기타

CPU(중앙 처리 장치) 41p, 43~45p, 49p, 88p
EMP(전자기파) 70~75p
LED 57~58p, 68p

참고 자료

| Ben G. Streatman, 《고체전자공학》, 성진 미디어, 2015
| Donald A. Neamen, 《반도체 물성과 소자》, 한국 맥크로힐, 2012
| 김동신, 〈고출력 전자기파에 의한 반도체 부품의 고장메커니즘 고찰〉, Journal of the Korea Academia-Industrial, 2017
| Baliga, B. Jayant, 《Fundamentals of Power Semiconductor Devices》, Springer, 2008
| Sidney Perkowitz, 《Optical Characterization of Semiconductors》, Infrared, Raman, and Photoluminescence Spectroscopy, 1993

참고 사이트

| http://www.samsungsemiconstory.com/
| http://blog.skhynix.com/